JN106640

初心者必見!

1日25分の オンライン英会話で 英語ペラペラ

奥田百子 著

セルバ出版

はしがき

　オンライン英会話の会員数は計り知れません。私が受講するレアジョブ英会話だけでも累計 80 万人に上ります。このレアジョブ英会話でほぼ毎日レッスンを受講してきた私が、その絶大な効果をあますところなく伝えたく、本書を執筆することとしました。

　最初のレッスンからその教材のクオリティと先生のやさしさ、優れた指導テクニックに脱帽しました。まさに高度な英会話のプライベートレッスンです。しかも通学する必要もなく、自宅や喫茶店、会社など様々な場所でリーゾナブルな価格で受講できます。費用は月額制でいつでも休会できるため、大損することがあり得ません。

　自宅で受講する場合は、部屋着で足を投げ出して受講することもあります。病気のときも受講していました。愛飲している黒酢ドリンクを画面を通して先生に見せ、これを辞書を引きながら懸命に英語で説明し、先生もフィリピンの飲み物を紹介くださり、画面越しに乾杯したこともありました。ベジタリアンについて話したときは、関連記事をチャットボックスで送ってくれたりと、まるでフィリピンの親しい友人と会って話をしているようです。毎回別の先生を選ぶと、会話できる先生の数は増えていきます。

　このように、先生と趣味、家族、お互いの国の話をすることで、知らず知らずのうちに英語や外国人に対する敷居が低くなり、英語を楽しんで勉強できるようになっていました。

　日本人ほどオンライン英会話に合う国民はいないと思います。

・知的レベルは高いが、英語を話せない人が多い。

・恥を恐れる人が多いから、下手な英語を聞かれたくない。

・フィリピン人とはアジア人同士であり、親近感がある。

・フィリピンの先生たちは知識が幅広く、議論に慣れている。

　これらの理由により、今後、ますますフィリピン人によるオン

ライン英会話は会員が増えていくでしょう。

　日本人こそ、先生以外には英語を聞かれなくて済むオンライン英会話を受け、楽しみながら英語を上達させるべきです。

　超初心者用のクラス、教材もあります。初級、中級者の講座も充実しています。上級者でむしろ英語力を披露したいという方は、ディスカッションのクラスを選べばよいです。

　市販の教材を使えるスクールあり、旅行英会話、ビジネス英会話、実用英語技能検定®（以下、英検®という）、TOEIC®対策講座を設けているスクールあり、学べる英語は多彩です。中高生コース、キッズコースはほとんどのスクールで設けられています。

　早朝から深夜まで25分だけ時間を見つけられれば、通学時間ゼロでどこでも毎日受講できます。学生、主婦、家にこもりがちの人、社会人、幼児、高齢者など誰でも受講できます。

　オンラインと現実の世界の区別は全くありません。むしろフェイスツーフェイスのプレッシャーがない点で、オンラインで会話する方が気楽に感じることが多いです。

　日本人が全員、英語を得意とする国民となるためにも、オンライン英会話を皆さんに利用していただきたいです。これがフィリピンの雇用創出、日本の国際貢献にもつながると信じています。

2020年5月吉日

奥田百子

初心者必見！　1日25分のオンライン英会話で英語ペラペラ　目次

はしがき

序章　翻訳歴20年以上の私がオンライン英会話を始めた理由

第1章　英語を上達させたい人はオンライン英会話をやろう

第4章 オンライン英会話実況中継

第5章 独自の英語上達方法を教えます

おわりに
オンライン英会話をやったら、こんな変化があった

序章
翻訳歴 20 年以上の私が
オンライン英会話を始め
た理由

　アメリカ人と向かい合って座ったが、何も言えず沈黙していた私に、「いい天気ですね」と日本語で最後に言われて会合は終わり。翻訳を仕事としていても、こんな人はいるのです。

　でもこれは、英語を話すチャンスが少なかったからです。毎日英語を話す場が与えられれば、そのうち慣れて誰でも話せるようになります。そのチャンスを与えてくれるのがオンライン英会話です。

●「通訳やってくれない？」は一番困る

　私が翻訳をやっている話をすると、「じゃあ英語ペラペラね」「帰国子女でしょう？」と人からよく言われます。もっと困るのは「今度、通訳やってくれない？」と言われることです。

　翻訳者は通訳もできるし、英語はペラペラというのは全くの誤りです。私はオンライン英会話をやるまでは、英語をほとんど話せませんでした。

　さらに私が苦手なのはリスニングでした。私には英語を聴く耳がまったくない、リスニングの才能がないと思い、すっかり諦めていました。英語で行われるセミナーに出ると、スピーカーの言葉に皆が笑っているときに、私は笑えませんでした。英語の資格を取りたくても、リスニングがある試験には合格できないとも思っていました。

　50 代にもなれば、もう聴く力も日本語だけに固定されてしまい改善の余地はない、私は日本語の技術文書を英語に訳すことを仕事とするのみで、それ以外の英語の仕事は望めないと思っていました。

●翻訳者は英語ペラペラはまったくのウソ

　実は、私の翻訳仲間は、このように「英語を聴く、話すことはさっぱりできません」という人がたくさんいます。翻訳で年収 1,000

万円以上稼いでいる女性翻訳者は「TOEIC®の点数は聞かないで」と言っており、翻訳品質で定評のある男性翻訳者は、英語が話せないから外国人のパーティーで押し黙っていたそうです。

　逆に、帰国子女で翻訳者という人は、私の知る限りごくわずかです。帰国子女が長けている英語のスピーキング能力を翻訳では思う存分発揮できないからです。

　日本語を英語に訳す作業は、それくらい英語を「聴く」「話す」能力とはかけ離れています。したがって、翻訳者だからといって、英語をすらすら話せるわけではありません。

●アメリカ人から日本語で「いい天気ですね」

　アメリカ人を接待したことがありましたが、私はほとんど沈黙していたので、最後にアメリカ人から「いい天気ですね」と日本語で言われてしまいました。外国人から日本語で天気の話をされたのは、私にとって悲しいことでした。

いい天気ですね

　また何年先に会えるかもわからないドイツ人に別れ際に、「See you later」と言ったら、「See you again」と直されたこともありました。

　「See you later」は今日の午後とか近い将来会える人に向けての言葉だからです。

●接待では予想外のことが起こる

　私が接待で沈黙が多かったのは、

・「何気ない会話」

・「予想外の会話」

・「話の展開」

の３つができなかったからです。

　「何気ない会話」とは、

　（おみやげを渡して）「ご家族でお召し上がりください」

ご家族でどうぞ

　（洋食？　和食？　と聞かれて）「どちらでもいいです」

　「お先にどうぞ」

　「お気をつけてお帰りください」

　「この後のご予定は？」

　「もう観光はされましたか？」

など私が仕事とする技術翻訳では一生訳すことがない「話しことば」
です。これくらいの英語は前もって英作文しておけばよいですが、
接待では予想外のことが起こるので、とっさに話す必要が生じる言
葉がたくさんあります。

●「私はベジタリアン」と言われても、「Oh！」と見つめるだけ

　ウエイトレスが来客の服にコーヒーをこぼしてしまったら、「あ
のウエイトレスはうっかり者ですね。クリーニング代を請求したい
ですね」と言ったり、相手がベジタリアンであることがわかったら

「ここのメニューは肉料理が多いですね。お店を変えましょうか」
と別のお店に行く間も色々と話をする必要があります。これが「予
想外の会話」です。

　英語が話せれば、「そういえば、私の友人もベジタリアンで…」
というふうに話を展開して、間をもたせることができます。相手が
日本の世界遺産を訪れる予定だといったら、「日本の世界遺産は23
か所あり、私が行ったことがあるのは…」など話を続けられます。
　英語をすらすらと話せないと、このように「話を展開させる」
ことができません。ベジタリアンと聞いても、「Oh!」と言うだけ
で相手が食べているのを見つめているしかありません。ときどき
「Delicious？」と聞いてもわざとらしいだけです。

●笑って相手の顔を見つめるといっても
　英語が話せない私の友人男性は、「外国人の顔を見てにこにこ笑
っていれば心が通じ合う」といっていましたが、私はそれは違うと
思います。成人が相手の顔を見つめて笑っているだけだったらどう
でしょう。妙な誤解を与えかねません。

●何気ない会話、予想外の会話を目指す
　理想は、日本語でベジタリアンや世界遺産などの話題を展開させ
るのと同じくらいに、英語を話せることです。しかしこれはかなり
上級者に求められることなので、初中級者が最初に目指すのは、「何

気ない会話」と「予想外の会話」です。私はオンライン英会話を始めるまでは、「何気ない会話」すらできませんでした。

●黙って座っている日本人を怒る欧米人

　英語ができないことでドイツ人から怒られた同僚がいます。ドイツ人と食事をすることになりましたが、ずっと黙って座っていると、最後にそのドイツ人は

"Speak to me, Mr. Suzuki（仮名）！"

と強い口調でいったそうです。彼がひとことも話さなかったことに腹を立てたようです。そこで同僚はやっと口を開きました。

同僚： "Do you have children ?

　彼はほどんど英語を話した経験がなく、中学時代に習った英語をやっと思い出して、"Do you have children ?" と言ったそうです。

　日本人のグループで話しているとき、何も話さない人がいても、皆がその人を怒ることはありません。「おとなしい人、無口な人」と思うくらいです。しかし欧米人と日本人で英語で会話する場面になると、英語を話さないで黙っている人が怒られます。

●日本人同士で話すことを怒るアメリカ人

　2人の日本人と1人のアメリカ人で会話していたときに、私がもう1人の日本人と日本語で話す場面がありました。その瞬間、アメリカ人は「日本語で話されてはわからない」と怒りました。私たちが内緒話をしているように見えたのでしょう。

　しかしアメリカ人同士が英語で話し、その会話を日本人がわからなくても、私たち日本人は怒ることはありません。

　これらの体験から考えても、日本人は英語が話せて当然であるし、話せなければいけないとも思われているのでしょう。

●海外ドラマを観たり、英会話学校に通ったりしたが

　私は30年以上英語学習者であるため、これまで次の方法を試してきました。
①（オンライン英会話ではない）4つの英会話学校を遍歴
②洋書を読み、映画、海外のテレビドラマを観る。

　②の方法は娯楽としてはよいのですが、漫然と読んだり聴いているだけでは英語を話せるようにはなりません。これらは相手から何か質問されるときのような緊迫感がないため、「こんな表現がある」と感心して終わってしまいます。ましてやスピーキングを高めることはできません。

　しかし、洋書は工夫次第では有効な英語学習ツールとなるので、そのテクニックは第5章で紹介します。映画や海外ドラマは台本を入手できれば、これらも英語上達に十分活用できます。映画の台本の入手についても第5章で紹介します。

　英会話学校は、そこに通っているときは一時的に英語を話せるようになるのですが、辞めてしまうと急に話せなくなります。

●英会話学校が続かなかった理由

　英語がうまくなるポイントは毎日やることです。しかし 4 つも通った英会話学校は次の理由で続きませんでした。

① 費用が高い
② 忙しくて通えなくなった
③ 通学が負担
④ 先生やクラスメートとの人間関係が煩わしくなった
⑤ 学校がクローズした

　会社の他に通学するのは体力を使います。では英会話学校が会社や家の隣だったらどうでしょうか。それでも仕事帰りにある場所に行き、机にきちんと座ってレッスンを受けるのは疲れます。

英会話に急ごう

●リラックスして受講できるオンライン英会話

　オンライン英会話は家でリラックスして（部屋着で足を投げ出している状態など）でも受講できます。とにかく家で受講できるので、途中で体調不良になっても大丈夫という安心感もあります。

　ある日のレッスンで私は咳がとまらなくなり、「ドリンクを持ってきてもいいですか？」と聞いて、遠くに置かれているドリンクを取りに行ったことがあります。

　リアルな世界の英語学校に私が忙しくて通えなくなったのは、毎日 30 〜 40 分の時間すらとれなかったのではなく、疲れているのに通学したり、きちっとした格好でレッスンを受けるのが面倒だったというのが本音です。

●カメラを通すとアイコンタクトできる

　私はフェイスツーフェイスで人と話すのは苦手であり、どうしてもアイコンタクトができないのですが、画面越しに先生と向かい合うとフェイスツーフェイスのプレッシャーがなく、非常に饒舌になります。

　リアルな世界の個人レッスンは緊張して相手の目を見ることができないのですが、画面越しでは先生の目をきちんと見ることができます。カメラを通しているからだと思います。それでいて一対一で話していることには変わりありません。

　様々な英語学習を遍歴した私が行きついたのがオンライン英会話でした。

●高い、面倒、煩わしいがないオンライン英会話
① 通学ゼロ
②先生以外との人間関係ゼロ、先生との関係も画面を閉じれば終わる。
③毎日レッスンで月額約6,000円（税込）～
　（毎日レッスンでなければ、さらに安いコースもある）
④早朝から深夜まで25分だけ見つけてレッスン予約可

　これらの特徴からわかるように、高い、面倒、煩わしいを解決してくれるのがオンライン英会話です。

　これらは後述するとして、ここではさらに、「簡単に辞めて再開できるから続く」というメリットを紹介します。

●クリック動作で休会できて、すぐ再開できるから続く

オンライン英会話はウェブサイト上でクリック動作で休会し、簡単に再開できます。だからこそ続きます。疲れたら休会すればよいし、やりたくなったら再開すればよいです。これが「細く長く」継続できる一番の要素です。

実は私も仕事が忙しく、1 年以上休んでいた期間があります。そして続けていた期間中も細切れに 1 か月以上休んで再開したことが何回かあります。これができるのはオンライン英会話だからです。

オンライン英会話は、辞めること自体が楽なので、再開するときに、次に辞めるときの苦痛を考えません。こうして「辞めては再開」を繰り返し、結果として長期間続けている状態になります。気がつけば入会したのは 3 年前です。

「はじめに」　まとめ
①翻訳者だからといって英語がペラペラではない。
②日本人は英語が話せて当然と思っている米国人もいる。
③欧米人と食事するときはずっと黙っていると怒られることもある。
④オンライン英会話は、高い、煩わしい、面倒を解決してくれる。
⑤オンライン英会話はクリック動作で休会できてすぐ再開できる。

入会してはや 3 年

第1章
英語を上達させたい人は
オンライン英会話をやろう

　とにかく試してみましょう。オンライン英会話は、手軽に無料体験レッスンを受けられます。スクールのウエブサイトで申し込むだけです。

　英語を話したことがない人は緊張するかもしれません。しかし最初は話せなくても大丈夫です。フィリピンの先生方がやさしく導いてくださいます。画面に映る先生のフレンドリーな雰囲気で緊張も一気に飛んでいってしまいます。

　心配だったら挨拶や自己紹介を用意しておけばよいです。自己紹介のやり方は本章で説明しています。

　ハローやサンキューが言える超初心者用クラスもあります。中高生やキッズクラスもあります。カメラ内蔵のパソコン、マイク付きヘッドセットだけ用意して、さあ無料体験レッスンを試してみましょう。

1　パソコン、Web カメラ、マイク、ヘッドセットを用意して無料体験レッスン

●手軽に無料体験レッスンを受けられるのも利点

　オンライン英会話で大切なのはスクール選びです。リアルな世界の英会話学校もいくつか見て歩く人が多いと思いますが、各学校に行って無料体験レッスンに参加するのは労力のいることです。レッスンだけでなく受付の人の説明を長々と聞くことになりますが、オンライン英会話ではこれがありません。

　無料体験レッスンを簡単に受けられる、という点もオンライン英会話のよいところです。

　私はこれまでに6つくらいのスクールの無料体験レッスンを受けましたが、この期間だけでもかなり英語力を上達させることができました。

●必要な機材は、Web カメラ、パソコン、マイク、ヘッドセットの4点セット

　この4つだけでレッスンが受けられます。とにかく試してみましょう。ほとんどの人はすでに持っているものばかりです。Webカメラを内蔵したパソコンは多いし、マイク付ヘッドセットを持っている人も多いため、必要なのは2点セットともいえるでしょう。

　パソコンの代わりにスマホやタブレットで受講できるスクールあり、Skype® に接続せずに独自のシステムで簡単に受講できるスクールも多いです。マイク付ヘッドセットは2,000円くらいで購入できるものもあります。

たとえばhanaso（オンライン英会話スクール）のウエブサイトでは、「スカイプ用おすすめヘッドセット」が掲載されています（https://www.hanaso.jp/skype_headset.php）。参考にしてみてください。

【図表1　筆者のオンライン英会話受講ツール】

●自己紹介くらいは用意しておく
　英語を話したことがない人は緊張するかもしれませんが、最初は先生に多く話してもらえばよいです。最初に必ず自己紹介をさせられるので、これだけは英作文しておきましょう。

【図表2　自己紹介の用意】

①名前　　　　　　My name is …

②住んでいる都市　I live in …

③年齢　　　　　　I am … years old.（言わなくても OK です）。

④職業　　　　　　I am …

　銀行員 (a bank clerk)

　会社員（an office worker）

　公務員 (a public servant)

　技術者（an engineer）

　研究者（a researcher）

　コンサルタント (a consultant)

　主婦　（a housewife）

　医師　（a doctor）

　看護師（a nurse）

　会計士（an accountant）

　弁護士 (an attorney)

　フリーランサー (a freelancer)

　通訳者 (an interpreter)

　翻訳者 (a translator)

　著者　（an author）

　音楽家（a musician）

　美術家 (an artist)　ほか

⑤趣味は … 　My hobby is (My hobbies are) …
　ピアノ（バイオリン）を弾く playing the piano (violin)
　音楽鑑賞　　　　　　　listening to music
　映画（ドラマ）を観る　　watching movies (dramas)
　テニス（サッカー）　　　　playing tennis (soccer)
　釣り　　　　　　　　　fishing
　読書　　　　　　　　reading books　　ほか

⑥ オンライン英会話を始める動機
　英語の（話す、書く、聴く、読む）技能を向上させたいから
　I want to brush up my English (speaking, writing, listening, reading) skills.
　海外旅行に行きたいから
　I want to go on a trip abroad.

⑦ 家族
　（〜歳の息子（娘）がいます。
　I have a son (daughter) at the age of ….
　猫（犬）がいます。
　I have a cat (dog).

　これくらいの自己紹介を用意しておけば大丈夫です。

　スクールのウエブサイトで体験レッスンのようなタブをクリックし、名前、メールアドレス、パスワードなどを入力して申し込みます。

●やさしそうな先生を選べば間違いない

　多くの先生の写真がたくさん掲示されており、どの先生を選んだらよいかわからないでしょう。入会から 3 年経った私もいまだに先生選びには時間がかかります。

　無料体験レッスンのときには、やさしそうな先生を選んでおきましょう。私の経験から、写真を見た第一印象で「この先生感じいい」と思う先生を選んでおけば間違いないです。満面に笑みを浮かべているやさしそうな写真の先生は、ほとんどの場合、実際にもやさしいです。

●男性の先生も温厚な人が多い

　男性会員であっても、男性より女性の先生を選びたいという人もいます。私の夫もフィリピン英会話をやるとしたら、若い女性の可愛くてやさしい先生に習いたいといっています。

　しかし男性の先生は物静かで非常に温かい方が多いです。それでいてレッスンの最初には「Oh, hello」とエネルギッシュに言ってくださるので緊張もほぐれます。接しているとじーんとやさしさが伝わってくる先生が多く、レッスンの最後にはすっかり仲良しです。

● Skype®コールが鳴って接続してしまえば、あとは大丈夫

　ドキドキするのは Skype® コールが鳴るまでです。このときは、これまで4つもリアルな世界の英会話学校をはしごしてきた私であっても緊張しました。

　どんな先生かな？

　何を聞かれるのかな？

　ことばにつまってしまわないかな？

　先生怒り出さないかな？

など学芸会の前のような心臓が高鳴る気分でした。

　しかしコールが鳴り、思い切って Skype® に接続してしまうと、多くの場合、そこにはフレンドリーな笑顔に満ちた先生が映っており、申し込んでよかったという気持ちに変わります。実は3年間も会員である私も未だに同じことを毎晩繰り返しています。

　「Hi, Momoko-san !」という言葉に癒されています。

Hi, Momoko-san

2　有名中高一貫校、大学、企業も採用している

●早朝や夜遅くレッスンを受けたいという社員のために

　レアジョブ英会話その他のオンライン英会話スクールは多くの企業で採用されています。

　たとえば、レアジョブ英会話は TOTO(株)、大成建設 (株)、(株)

ニュー・オータニほか 2300 社以上で導入されています[1]。

　オンライン英会話のフレキシビリティを重視して採用した企業は多いです。早朝や深夜に社員がレッスンを受けたいという場合に、オンライン英会話は最適です。まさに、私がリアルな世界の英会話学校に通っていたときに感じていた、残業があって参加できない、通学が大変という不便を解消してくれます。社員の英語力がアップしたと述べている企業も多いです。

●有名中高一貫校でも採用

　ママ友と会ったときに、うちの子の学校でオンライン英会話やっている、という話をよく聞きます。

　たとえばレアジョブ英会話は、聖光学院中学校高等学校という横浜の超進学校でも導入されています。校長先生のインタビューによると、否が応でも話さなければならないプライベートレッスンの効果は大きく、生徒たちの英語力は海外でも高い評価を受けているそうです[2]。

　レアジョブ英会話はほかにも、三田国際学園中学校・高等学校、淑徳与野中学校、東京大学大学院などで取り入れられています[3]。

1　出典：レアジョブ英会話「導入事例」(https://www.rarejob.com/corporate/case/)

2　出典："WHY ENGLISH"(RareJob Inc.)「世界へ飛び出し堂々と自己表現できる力を」工藤誠一氏 (聖光学院中学校高等学校 校長)(https://why.rarejob.co.jp/2017/11/15/seikogakuen/)　2017 年 11 月 15 日

3　出典：レアジョブ英会話「導入実績校一覧」(https://www.rarejob.com/school/)

3　通学不要だから幼児や小中高生にも最適

●ももこちゃんと呼んでもらった

　オンライン英会話は個々の家庭でも学生に利用されています。以前、レッスンで先生から突然、「ももこちゃん」と呼ばれたことがありました。「画面に映る私の顔、そんなに若くてかわいい？」と思い、一瞬嬉しくなりましたが、先生がすぐに「ごめんなさい、この前の時間が子どものレッスンだったので「ちゃん」づけで呼んじゃいました」と言われました。子ども、学生のレッスンは多いそうで、うちの子どもが受講していないことも不思議がられます。

●学生がオンライン英会話を受けるメリット

①中高生が英会話のプライベートレッスンを受けられる

　中高生は英文法を個別指導の先生や家庭教師に習うことはありますが、英会話を1対1で習う機会は少なく、学校では英会話の授業はあっても多人数でのレッスンになってしまいます。プライベートレッスンを受けられるオンライン英会話は貴重です。

②英語塾より安い

　特に私立学校に子どもを通わせている家庭にとって、英語塾に通わせるのは経済的にも負担であり、月額9,800円（レアジョブ英会話の中学・高校生コース（税抜価格））で毎日レッスンを受けら

れるのはありがたいでしょう。リアルな世界の英語塾は、週1回の授業で月1万円以上かかるところが多いです。

③通学不要、送り迎えの必要がない

　学校帰りや土日に英語塾に通学すると疲れます。女子が夜遅くなるのは心配でしょう。幼児には送り迎えが必要です。オンライン英会話は通学不要です。

④親がレッスンの様子を見られる

　英会話学校では乳児を除いては、親が子どものレッスンを毎回見学できないでしょう。しかし、オンライン英会話は自宅で受けるので、自然に聴こえたり見えたりします。親が同じ部屋にいてもよいです。

⑤英検®など試験対策としても利用できる

　英検®、TOEIC®、TOEFL®対策にオンライン英会話を利用できます。大学入試ではこれら外部試験の結果を利用する大学が多いです。特に英検®の面接対策は、短期間で模擬面接を行ってくれる学校を探す必要がありますが、入会手続に手間どったり、平日の昼間は通学できないなどの理由で、対策が遅れることがあります。

　オンライン英会話スクールで話すことに慣れていれば、英検®の二次試験を恐れる必要は全くなく、模擬面接をレッスンでお願いしてみてもよいでしょう。

　この点でもオンライン英会話の会員になっておいても損はないで

す。私はレアジョブ英会話を休会中でしたが、英検®の一次試験合格後すぐに再開してその日から模擬面接をレッスンで行っていただきました。A&A English でもレッスンを受けた際に模擬面接を行ってくださいました。

4　おすすめのオンライン英会話スクール

●レアジョブ英会話 (https://www.rarejob.com/)
〈特徴〉教材の質の高さと種類には驚くばかり。スターター用のロールプレイによるレッスンから、「Daily News Article」という中級〜上級者向けのディスカッション用教材まで、あらゆるレベルの人を配慮している。初心者でもきっと英語が話せるようになると確信できる。
〈費用〉5,800 円（税抜）/ 月（毎日 25 分）ほかのプランもあり。中学・高校生コースは、9,800 円（税抜）/ 月（毎日 25 分）ほかのプランもあり。

● hanaso（https://www.hanaso.jp/）
〈特徴〉有名講師（関正生 先生）監修のテキストを使用。市販教材「SIDE by SIDE」（Bill J Bliss 著ほか）(Pearson Japan) を使用したり、ニュースサイトを教材にするクラスあり。ビジネス英会話、おもてなし英会話、旅行英会話、TOEIC® クラスなどもある。キッズコース (hanaso kids) あり。
〈費用〉4,400 円（税込）（25 分×月 8 回）、6,578 円（税込）（毎日 25 分）ほか様々な料金プランあり。hanaso kids は 3,080 円（税込）（25 分×週 1 回）ほか様々なプランあり。

● QQEnglish (https://www.qqeng.com/)

〈特徴〉講師は制服着用のきちんとした印象を受ける。Skype® のほか、Classroom という独自の通信ツールで受講できる。カランメソッド（英語の学習法）導入。セブ島留学制度を併設。カリキュラムとして、カランメソッド、QQE Basics, TOEIC® 講座ほか。カラン for キッズ、中学英語 Web 講座などもある。

〈費用〉6,680 円（税抜）（月 16 回コース）ほかのプランもあり。ＱＱキッズ 1980 円(税抜)（月 4 回コース）ほかのプランもあり。

● A&A English（http://aa-english.com/）

〈特徴〉担任制（気に入った先生のレッスンを時間帯を決めて受ける）、ポイント制（好きな時間に好きなだけ受ける）ともに後払いというやさしさ。教材は「SIDE by SIDE」など市販教材ほか。

〈費用〉25 分 1 コマ 300 円、50 分 1 コマ 480 円ほかのコースあり。

● DMM 英会話（https://eikaiwa.dmm.com/）

〈特徴〉米、英などネイティブ講師のレッスンも受けられる。オリジナル教材ほか、「SIDE by SIDE」、「どんどん話すための瞬間英作文トレーニング」（森沢洋介著、ベレ出版）など出版社教材も選べる。TOEIC® スピーキングテスト用講座は模試形式レッスン。こども英会話もあり。

〈費用〉毎日 1 レッスン 6,480 円（税込）、毎日 2 レッスン 10,780 円（税込）、毎日 3 レッスン 15,180 円（税込）。プラスネイティブプラン（毎日 1 レッスン 15,800 円（税込）ほかのプランもあり）。

● kimini（https://glats.co.jp/）

〈特徴〉絵で見てパッと英会話、英検 ® 対策、GTEC® 対策、ビジネス英会話、特訓コース、総合英語、中学生、高校生コース、夏期・

冬期・春期講習、ばっちり話せる小学英語など多数のコースあり。
予習復習できる教材も充実。

〈費用〉6,028円（税込）（毎日1レッスン）、10,428円（税込）（毎日最大2レッスン）、17,028円（税込）（毎日最大4レッスン）ほかのプランもあり。

　なお、以上の情報は2020年5月13日時点のものです。受講費用を含め情報は変わることがあります。各スクールのウエブサイトをご覧ください。

5　目的に合う講座がどこかのスクールにあるはず

●目的は様々
　英語を上達させたい人の目標は様々です。
・少しでも英語が話せるようになればよい
・せめて外国人を見て「道を聞かれたらどうしよう」と逃げ出さないようになりたい
・ディスカッションできるようになりたい
・海外のニュースや映画がわかるようになりたい
・TOEIC®600点、700点をとりたい
・英検®2級〜準1級をとりたい
・大学受験準備をしたい
・英語を使った仕事がしたい
・海外旅行で困らないようにしたいなど
　これらのいずれの目標も実現してくれる様々な講座がどこかのオ

ンライン英会話スクールには必ずあります。旅行英会話、ディスカッションクラス、TOEIC® 対策講座、英検 ® 対策講座、おもてなし英会話、中高生コース、キッズコース、ビジネス英会話、日常英会話、発音講座などです。いろいろなスクールの無料体験レッスンを受けて、自分の目標にあった講座を見つけてみましょう。

6　翻訳者なのに、まさかの中級判定！

●しどろもどろのレベルチェックテスト

　レアジョブ英会話の受講生レベルは 1 ～ 10 に分けられます。入会の際にオンラインで先生と 1 対 1 でスピーキングテストを行い、レベルが判定されます。

　私がレベルチェックテストを受けた頃は、英検 ® の勉強もしておらず、英語を話す環境にもなかったので、まさにしどろもどろでした。スマホの効用など時事問題について、英語で自分の考えを述べたのはほぼ初めてでした。

　そこでレベル 6 という翻訳者としてはあまり高くない「中級レベル」の判定がされました。これは中級のなかでも初中級に近いレベルです。長年翻訳をやっていても、スピーキング力は向上しないことが証明されてしまいました。

7 学習相談に助けられ入会

●英語の読み書きばかりしていたから仕方ない

中級判定を受け、20年にわたる翻訳の仕事は一体なんだったのかと落ち込みましたが、「英語の読み書きばかりやっていたから仕方がない」と気を取り直し、入会を決意しました。

日本人カウンセラーによる学習相談にも助けられました。これもSkype®で行われ、英語学習の目的を相談し、それに合ったコースがすすめられました。まるでリアルな世界の学習相談のようです。学校まで全く足を運ばずに、レベルチェック、学習相談、申込までがネット上で完結できるのだと感心しました。

8 オンライン英会話をやるなら、おすすめしたいこと

●毎日受講して記録をつける

オンライン英会話で英語を上達させたいならば、おすすめしたいことが2つあります。

①毎日受講する

できれば毎日受講してください。無理な場合は、時間のあるときに集中的に連日受けるようにしましょう。せめて週3〜4日は受けられるとよいです。

②レッスン記録をつける

発音を直された単語の確認、指摘された文法の間違い、講師が書

き留めてくれた注意点（Skype® のチャットボックスなどに記載されている）をレッスン終了後に再確認し、記録しておきます。

　オンライン英会話の会員であるという形式だけで、気が向いたときしか受講しない（数か月に1回程度）、レッスンを受けているが、予習復習もせず、習ったことも覚えていない、レッスン中は沈黙しており、講師に話してもらっているというのでは、なかなかスピーキングは向上しません。

第1章まとめ

① Web カメラ内蔵パソコン、マイク付ヘッドセットだけ用意すればレッスン受けられる。

　　タブレット、スマホで受けたり、独自の通信システムで受けられるスクールもある。

②オンライン英会話は通学不要でキッズ、小中高生にも最適である。

③旅行英会話、ディスカッションクラス、TOEIC® 対策講座、英検 ® 対策講座、おもてなし英会話、中高生コース、キッズコース、ビジネス英会話、日常英会話、発音講座など多彩な講座が各スクールで用意されている。

④オンライン英会話で英語を上達させたいなら、

　Ⅰ 少なくとも週3〜4日は受講

　Ⅱレッスン記録（先生から訂正された発音や文法の間違いなど）をつけることが望ましい。

第2章
レッスンは毎日がおもしろい
ハプニングの連続

　オンライン英会話は、番組を生放送しているかのような錯覚に陥るときがあります。

　画面にマイクをつけた自分と先生の顔が映っており、テレビに映っているようです。予習もせずにぶっつけ本番でレッスンに臨むこともあるので、色々なハプニングが起こります。ばっちり予習していても、パソコンの調子が悪かったり、途中で気分が悪くなったり、猫が部屋に入ってきたり……。

　何が起こるかわからないスリル感があります。それだけに本番前は緊張しますが、この緊張がレッスン終了後は充実感と開放感に変わります。

1　何年経っても変わらない本番前の緊張

●先生から本番前に thank you メッセージ

　レッスンの予約をすると、先生からレッスン前に Thank you メッセージが送信されることがあります。

Hello, Momoko-san, I will be your tutor for today.
ももこさん、こんにちは。今日のレッスンの講師は私です。

　ここには Momoko-san と書かれており、海外の人は Mr. や Mrs. のほかに…san と書くことが多いです。
　私も次のようなメッセージを返信します。

後でお話できることを楽しみにしています
I am looking forward to talking to you later.

　中高時代に習った looking forward to … ing です。これはビジネス英語でも頻繁に使いますので、思い出しておくとよいです。

●ドキドキで Skype® コールを待つ

　レッスン本番前は Skype® を起動して先生からのコールを待ちます。レアジョブ英会話では Skype® を使わずにレッスンルームというオンライン上の部屋で受講することができます。ここで先生の入室を待ちます。レッスンルームについては後述します。
　他のスクールでも Skype® を使わずに独自の通信システムを利用

するところも多いです。

　レッスン開始前は自分が先生になったかのように緊張します。私は縁あってラジオ出演したことがありますが、なぜかそのとき味わった本番前の緊張と同じような気分を毎晩味わっています。

2　先生の満面の笑みで緊張は吹っ飛ぶ

●先生との最初の会話例

　先生が画面に現れると、そのやさしそうな表情と満面の笑みで緊張は一気に吹っ飛んでしまいます。

　図表3のような会話から始まります。

【図表3　先生との最初の会話例】

先生　「こんばんは。ももこさん」
　　　　（Hi, Good evening, Momoko-san）
私　　「こんばんは」（Hi, Good evening）.

先生　「奥田百子さんですか？」
　　　　（Are you Momoko Okuda?）
私　　「はい、私は奥田百子です」
　　　　（Yes, I'm Momoko Okuda）

先生　「私の声聴こえますか？」（Can you hear me?）
私　　「はい、とてもクリアに聞こえます」
　　　（Yes, I can hear you very clearly）．

先生　「私が見えますか？」（Can you see me?）
私　　「はい、とてもクリアに見えます」
　　　（Yes, I can see you very clearly）．

先生　「今日はどんな1日でしたか？」
　　　（How was your day today ?）
私　　「ええ、今日は家で仕事をしていました」
　　　（Well, I have been working from home today.）

先生　「まあ！　疲れてますか？」
　　　（Oh, are you tired ?）
私　　「はい、少し疲れていますけど大丈夫です。レッスンの準
　　　備はできています。」
　　　（Yes, I'm a little tired but I am all right. I am ready for my
　　　lesson）．

3　毎晩唱える自己紹介は立て板に水

●自己紹介だけ聞いたら英語ペラペラの人

初めての先生とは自己紹介で始まります。

> 「あなたのことを教えてください」
>
> （Tell me about yourself）

オンライン英会話をやっていると自己紹介に慣れてしまいます。今まで300回くらい自己紹介してきました。すっかり覚えてしまっているので、まるで立て板に水です。

> 私の名前は奥田百子です。私は翻訳者であり、様々な文書を翻訳しています。
>
> 趣味は、散歩、ピアノを弾くこと、ドラマを観ることです。
>
> 私はこのスクールに3年前に入会しました。先生たちのおかげで英語が上達しました。
>
> My name is Momoko Okuda.
>
> I am a translator.　I translate many kinds of documents.
>
> My hobbies are taking a walk, playing the piano, and watching dramas.
>
> I joined this school three years ago.
>
> Thanks to tutors, my English ability has improved.

　これだけ聞いたら英語がペラペラな人と思われるでしょう。実際にいつも自己紹介が終わると、

Oh, you can speak English very well.

（英語がとてもうまいですね！）

と言われます。すっかり覚えていて、とても早いスピードなので、褒められるのも当たり前です。

4　ミッション系女子校の英語授業にタイムスリップ

●高校の英語の授業を思わせるレッスン

　ある日のレッスンで、単語の同義語や反対語を先生から１つひとつ聞かれました。

　私は、ふと高校時代の厳しい英語の授業を思い出しました。ミッション系女子高の英語の授業は厳しく、緻密でした。教科書にある新しい単語の同義語や反対語を答えさせられました。

　先生に指され、立ち上がる、答えられないと座れないので皆、ビクビクしていました。スパルタ式の英語授業でしたが、英語を使う仕事を選んだのも、この時代の厳しい英語教育がベースにあるのかもしれません。

　何十年も前のことを今でも思い出しますが、good-natured(気立てがよい)の反対語をと聞かれ、苦し紛れに ill-natured と答えたら偶然合っており、座らせてもらえました。ill-natured という単語を知らないのに、ふと頭に正解が浮かびました。不思議な体験です。

　オンライン英会話では先生はやさしいし、立ち上がって答えることもないので全く緊張しませんが、記憶が高校時代にタイムスリップすることがあります。

●ボキャブラリーの広がりを大切にする先生

　単語の同義語とそれを使った例文を即座につくるように指示されることがあります。たとえば図表4のような感じです。

【図表4　単語の同義語と例文をつくる練習例】

> 先生：back up（バックアップする）の同義語は？
> 私　：support（サポート）
> 先生：support を使った文章をつくってみましょう。
> 私　：We supported the candidate.
> 　　　（我々はその候補者を支援した）
> 先生：update（アップデートする）の同義語は？
> 私　：renew（更新する）
> 先生：renew を使った文章をつくってみましょう。
> 私　：We renewed our website.
> 　　　（弊社は会社のウエブサイトをアップデートした）

　このような知識は中高生にも役立つでしょう。高校時代の英語の授業、英語塾のような側面をもったオンライン英会話は大学受験にも利用できます。

5　土用の丑の日が英語で言えず、「夏」と言いながら Google® 検索

●夏にウナギを食べると得意げに説明したが……

ウナギの話題を先生にしたことがありました。「日本では、夏バテ防止のために夏にウナギを食べる」と日本の習慣を意気揚々と話したのですが、「いつウナギを食べるのですか？」と聞かれ、「土用の丑の日」といいたいところが、英単語を調べていないことに気づきハッとしました。

「夏の……」といって時間を稼ぎ、私は別の画面で慌てて

土用の丑の日　英語

と入力して Google® 検索していました。

この検索をすると、たとえば、DMM 英会話の「土用の丑の日に鰻を食べるって英語でなんて言うの？」(DMM 英会話なんてuKnow ?)(https://eikaiwa.dmm.com/uknow/questions/10489/) というサイトがヒットします。

土用の丑の日は毎年変わるし、「土用」は英訳しても、外国人にはまったく意味のわからない言葉です。丑(うし)を ox と訳しても、「なぜ牛なの？」と聞かれたら私も説明できません。

予習をして「土用の丑の日」について英語で説明文をつくっておくべきでした。これこそ日本の文化を外国人に説明する、よいチャンスです。

● PCを2画面に拡張してレッスン受講

　私はいつもパソコンを2画面に拡張し、1つの画面でGoogle®検索しながら受講しています。

　たとえばGoogle®検索画面に、

絶滅危惧種　英語

と入力すれば、辞書がヒットして英訳がわかります。

　絶滅危惧種の例を知りたいときは、

絶滅危惧種

と入力すれば、「ＲＤＢ図鑑」(https://ikilog.biodic.go.jp/Rdb/zukan?_action=zukanall)（環境省生物多様性センター「いきものログ」）がヒットして具体例を調べられます。

　検索しているのは先生からは見えません（別に見えてもよいのですが）。これもオンライン英会話ならではのことです。

6　私の名前は漢字で「百」、発音は「桃」

●私をピーチと呼んでください

　レッスンの最初に、「My name is …　」のように名前を言うと、「あなたをどのように呼んだらいいですか？」と聞かれるので、「Please call me Momoko.」と言います。

　外国人にとって同じ音が重なったmomoは言いにくいかもしれ

ないので、私はいつも言います。

> You may call me peach.
> ピーチと呼んでもらってもいいです。

> Momo means peach.
> モモはピーチ（桃）を意味します。

　peach のほうが英単語にもなっているし、呼びやすいでしょう。しかし、本当はこれは正しい情報ではありません。私の名前は「百子」であり「桃子」ではありません。単にピーチというニックネームにすぎません。そこで、

> momoko は、peach child を意味するが、漢字では hundred child と書く

と言いたいのですが、これを英語で説明するのは大変難しいです。
　このように、これまで何人もの先生に英語で説明してきました。果たして私のつたない英語で理解していただけるでしょうか。

●名前の漢字の意味を説明する日本人

　日本人は私のように、自分の名前の漢字が持つ意味を外国人に説明する人が多いです。私の友人は「宣」という漢字が名前に含まれており、これを advertisement（宣伝）を意味すると一生懸命、外国人に説明していました。漢字の持つ意味を外国人に知らしめたい意識が知らず知らずのうちに働いているからです。

●初対面の日本人がニックネームで呼ぶことは珍しい

　レッスンの最初では、お互いのニックネームの確認を行いますが、日本人同士で初対面の人とニックネームを確認して、今後はそれで呼び合うことはほとんどありません。

　「モモと呼んでください」と私が初対面の日本人に言っても、本当にそのとおり呼ぶ人がいるでしょうか。フィリピンの先生はニックネームで呼びたがることから考えても、かなり欧米人に近い感覚を持った人々であるといえます。

●海外の人は短いニックネームが好き

　海外では長い名前を短くして呼ぶことが多いようです。弘之という夫の名前も Hiro と呼ばれているどころか、Hero（英雄）のように音の近い英単語で呼ばれることがあります。

　海外に行ってしまった日本人の友人も、しばらくすると、Yoshihiro という名前を本人が Yoshi と海外からメールに書いてきました。名前が変わったのかと一瞬錯覚しますが、海外では短い名前が好まれるので、それに合わせているようです。

7　あなたの声はアナウンサーみたいと言われ

●英語を読んでいるときのほうが声がよくなる？

　テキストを音読しているとき先生からこんなことを言われました。

　「あなたの声はアナウンサーみたいで聞きほれてしまいました」。

　これを聞いて本当に驚きました。なぜなら私はそれまで自分の声が嫌いでコンプレックスだったからです。「声に特徴がある」と言われたことはありますが、「よい声だ」と言われたことはありません。

　実は、オンライン英会話を始めてから、複数の先生から何度も声を誉められています。

　「もしかしたら私は英語を読んでいるときのほうが声がよいのではないか」と勝手に喜んでしまいました。

●リラックス感と腹式呼吸がよいのかもしれない

　私の声は女性にしてはかなり低音で曇った声です。鈴を転がすような声の人がうらやましく、授業をするときは、あえて高い声でしゃべるようにしています。

　『英語の声になれる本』（Dr.D（頓田大樹）著、発行：(株)KADOKAWA、編集：中経出版）によると、英語を話すときは、喉を開くこと、そして腹式呼吸が大切だそうです。

　先生の前で音読するときは、よい声に聞かせたいという気持ちもなく、授業のときのように高い声をつくることもしません。ありのままの私の低い声で読みます。このリラックス感で喉が開放されているのだと思います。

腹式呼吸については思い当たることがあります。私は中高時代、コーラス部に所属しており、毎日腹式呼吸の練習をしていました。したがって歌うときだけでなく、話すときも腹式呼吸をする癖がついています。

　前掲の本によると、英語は喉を使う音も多く、たとえば [uː] などの音は、声を喉の入口あたりで響かせることが必要だそうです。ありのままの私の声は口先ではなく、かなり喉を使って発音しています。これが英語らしく聞こえる秘訣かもしれません。

　第4章で紹介するように、レッスンで単語の発音やアクセントを直されることがあります。発音やアクセントが間違っていると英語らしくは聞こえないので、そのつど辞書で確認することが必要です。

8　レッスンルームという部屋がある

●ウェブ上の部屋でレッスン受講

　レアジョブ英会話には、レッスンルームという独自の受講システムがあります。ここでは Skype® を使わずにレッスンを受けることができます。レッスン予約の際に「レッスンルームで受講」を選択します。

　このシステムがあることは知っていましたが、使うのを躊躇していました。Skype® とは勝手が違うため、もしうまく入室できなかったら先生を部屋で待たせてしまうからです。しかしある日決心して入室することとしました。レッスンルーム入室方法を何度も注意深く読みました。

　私はいつもこのような新しいシステムを使うときは必ず、最初は失敗します。きっとレッスンルームにはすんなり入れないと思っていましたが、とても簡単でした。

●開始3分前から入室して先生を待つ

　レッスン開始の3分前から入室できます。「レッスンルーム」をクリックするだけです。カメラを ON、OFF のどちらで入室するか聞かれるので、ON にして入ります。入室後は先生の入室を待ちます。普通の学校で教室で先生が入ってくるのを待っているような感じです。

　先生が入室すると音がして先生の顔が映ります。映像はクリアで音もよく聞こえます。

Hi, Momoko-san, can you hear me ?

Yes, I can hear your voice very clearly.

Can you see me?

Yes, I can see you very clearly.

　クリアに見えない、よく聞こえないと答えたことはほとんどありません。

●チャットが瞬時に表示される

　プルダウンメニューでテキストを選び、テキストを表示してスクロールしながら読みます。

　ウインドウには先生と自分の顔が映り、その下には、先生からその都度直された文章が書きこまれます。黒板を見ているようですが、黒板を書くよりずっと早いです。

```
You said:  She behave bad.
Correct:   She behaves badly.
```

　私は現在、リアルな世界の英語塾で教えていますが、黒板に書く時間は無駄です。ホワイトボードにペンで英語を書くと生徒から読めないこともあります。特に r（R の小文字）を黒板で書くのは難しいです。

　個人レッスンではメモ用紙に鉛筆で書いて生徒に見せていますが、それにしても手書きは時間がかかります。レッスンルームのように、その場で先生が入力して生徒が見ることができるチャットは非常にありがたいです。レッスン中は多くのメモが残されます。これを残しておき、復習に役立てることができます。

　レッスンが終わると、画面の中の先生に手を振り、「退室する」をクリックして部屋を出ていきます。

●レッスンレポートは講師からの手紙

　先生はレッスンレポートも発行してくれます。「英語は本で勉強するよりとにかく話すこと、英語で独り言を言ってみることが大切」「ドライブと同じで慣れること」などのアドバイスが書かれていたことがあります。退室後にこれを読むのが楽しみです。

9　日本が多神教であることを不思議がる先生

●先生たちは熱心なキリスト教徒

　「1つ不思議なことがあります。日本には神様がたくさんいらっしゃるんでしょう」と先生から言われたことがあります。日本人の中には多神教であることを疑問に思う人があまりいないため、この質問はとても新鮮でした。キリスト教徒が90パーセント以上のフィリピンでは、多神教というのが珍しいようです。

　先生の声のトーンからいって非常に不思議がっている様子であり、フィリピン人は熱心なキリスト教徒であることが推察されます。フィリピン留学の際には、フィリピン人が熱心なキリスト教徒であることを心に留めておく必要がある、とよくいわれます。

●キリスト教を批判するようなことはいわない

　しかしそうはいっても、これまでレッスンで宗教の話をしたのはたったの一度だけであり、通常は教材の話題に沿って話すので、それほど神経質になる必要はありません。キリスト教の教義にまで話が及んだこともありません。

　ただし注意すべきなのは、キリスト教を批判するようなことをいわないことです。日本人のように教義で言い争いになることがめっ

たにない国民は、この点を疎かにしがちですが、宗教や教義の話をするときは要注意です。

　私も先生から日本が多神教であることの理由を尋ねられて以来、発言に注意するようになりました。幸い、私はカトリック教徒であり、キリスト教を批判することはもともとないので、この点は助かっています。

　多神教は polytheism という難しい英単語がありますが、believe in many gods と言えばよいです。

10　サザン、寿司、早慶の話ができる先生

● Oh, サザンオールスターズ！

　「好きなミュージシャンは誰ですか？」と先生から聞かれたことがあります。

　「サザンオールスターズです」と言ったら、

　「Oh, Southern All Stars. I love them」

　と即座に言ってくれました。やはりサザンは外国人でもわかるのですね。サザンの偉大さを再認識したと同時に、フィリピンの先生が日本をよく知っていることに驚きました。逆に私はフィリピンのミュージシャンを 1 人も知りません。

● Sushi といったら回転寿司

　「今日の夕食は何を食べましたか？」

　と聞かれました。

　回転寿司から帰ってきたばかりだったので、Sushi と答えながら、

回転寿司を何とか説明しようとして、

回転（rotate, turn）
皿 (dish)
お客さんの前を (in front of customers)
コンベヤー（conveyer）
通る（pass ？）

など知っている単語を並べました。

　ところが、先生は私のこの四苦八苦の説明が終わらないうちに、回転寿司を理解してくれました。それどころか、フィリピンには寿司屋があり、頻繁に行っているそうで、瞬時に写真がチャットボックスで送られてきました。一瞬で送られてきたのはすごいです。

　それは、カリフォルニアロールのような寿司がガラスケースの中に入っている写真でした。フィリピンの寿司はこのようなものなのかと思いましたが、調べてみると、握り寿司、ちらし寿司もあり、回転寿司やカウンター形式の寿司屋もフィリピンにはあるようです。

　日本では寿司といえば回転寿司以外は思い浮かべない世代が増えているのに、寿司職人が目の前で握る寿司屋が多いのには驚きます。

●早稲田？　慶應？

　日本の大学の話をしているときに、「Waseda?　Keio?」と先生が早慶を並べて列挙しました。日本には早稲田、慶應というセットで称されることが多い大学があることが知られているようです。

　日本の大学はあまり海外では知られていないと聞いたことがありますが、フィリピンの先生は日本の受講生と多く会話していることが理由なのか、日本の大学をよくご存知のようです。

11　ブログのＵＲＬを送ってすぐ仲良くなれる先生

●私のブログを先生が読んでくれた！

　ウナギの食べ方について先生と話したことがあります。これは前述の土用の丑の日について話したのとは別のレッスンのときです。

先生：「今日は何をしていましたか？」

私　：「１日中ブログを書いていました」

先生：「そのブログ見ることできますか？」

と聞かれたので、すぐにブログの URL を送りました。このブログは英訳もつけているので、先生も即座に読んでくれました。

　そこにはウナギについて書かれていました。

●ウナギは蒲焼とばかり思っていたが

　ウナギと言えば、たれをつけた蒲焼（roasted）の少し焦げた感じがたまらないです。しかしこれは日本人の感覚なのでしょうか。

　先生はウナギをココナツミルク煮で食べるとのことで、つくり方も説明してくれました。フィリピンではウナギだけでなく、かぼち

ゃ、豚肉など様々なものをココナツミルクで煮るそうです。このように ブログの URL を送り、フィリピンの特別な料理のレシピも教えてくれたり、フレンドリーな先生とすぐ仲良くなれます。

12　ダイエットしたのは妊婦に間違えられたから

●とにかくダイエットの話は多い

　教材には頻繁にダイエットの話が出てくるので、先生ともダイエットについて話すことが多いです。妊婦に間違えられたからダイエットを始めたというのは本当の話です。

　先生は笑っていました。妊婦に間違えられたという私の英語は直されませんでした。このストーリーが先生に通じたのがうれしかったです。

13　ベジタリアンにも様々な人がいる

●ラクト・ベジタリアン、オボ・ベジタリアン？

　ベジタリアンと言えば、野菜を食べて肉を食べない人くらいの認識しか持っていませんでしたが、ベジタリアンはもっと奥深く、様々な種類があることをレッスンで教わりました。

①ラクト・ベジタリアン (Lacto-vegetarian)

　魚介類、肉、卵（×）野菜、乳製品（○）

②ラクト・オボ・ベジタリアン（Lacto-ovo-vegetarian）

　魚介類、肉（×）野菜、卵、乳製品（○）

③オボ・ベジタリアン（Ovo-vegetarian）

　魚介類、肉、乳製品（×）野菜、卵（○）

④ペスカタリアン（Pescatarian）

　肉（×）野菜、魚介類（○）

このほか多くの種類があります。ビーガン（Vegan）はもっと厳しく、肉、魚、乳製品、はちみつ、卵も食べないそうです。

●外国人接待のときは注意！

　そういえば先日、レストランで外国人女性が隣に座っていました。彼女はベジタリアンだそうで、サラダしか食べていませんでした。団体で日本に来ていて、彼女の友人は皆、ステーキや魚を食べてい

たのですが、彼女だけは前もって厨房に伝えておいて特別メニューをつくってもらったそうです。

　健康のためだけでなく、宗教的な意味もあるのか外国人のベジタリアンは非常に徹底しています。これを知っておかないと、外国人を接待するときに非常に困ります。

　外国人と接するときは食事、宗教の話題には特別の配慮が必要であることもオンライン英会話を通して学びました。

14　これまでのところありません（None so far）

● 「質問ありますか？」と何度も聞いてくれる先生

　None so far.

　この言葉を1つのレッスンで少なくとも5回は発しています。

　「これまでのところ（質問は）ありません」という意味です。

　先生はかなり細切れに、

　Do you have any question？

と聞いてくれます。私はあまり質問をしないので、「None so far」を連発します。

　私の仕事である技術翻訳では、「これまでのところありません」

という日本語を訳す必要が生じたことは、これまで皆無でした。それこそ None so far です。オンライン英会話で覚えた None so far のフレーズは非常に使い勝手がよく、様々な場面でいうことができます。

　そういえば、高校時代の英語の授業で、先生がいつも最後に、
　So far today.
と言っていたのを思い出しました。「今日はここまで」という意味です。so far には「ここまで」という意味があります。

●単語の場所を特定するのに一苦労

　オンライン英会話レッスンで先生に質問するのは単語の意味を尋ねる場合がほとんどです。

　「2段落目の下から3行目の…という単語の意味を教えて下さい」のように単語の場所を特定して先生にもすぐ探していただけるようにしています。

　What's the meaning of the word … the second paragraph, third line from the bottom ?
と英語で言います。「～頁の～段落目の下から～行目」の言い方は難しく、これは私が翻訳でいつも使っている表現を活かすことができます。

　先生が単語の意味を教えてくれると、
　Thank you. I am satisfied.
と言います。「わかりました」という簡単な日本語すら最初はなんと言ったらよいかわかりませんでした。

　大学時代、帰国子女が質問に相手が答えてくれると、I am satisfied と言っていたのを思い出し、これを使っています。I understand と言うときもあります。

15　共有ありがとう（Thank you for sharing）

●**日本では家庭教師は一般的ですか？**

　日本の事情や私の1日について聞かれ、私が答えると

　Thank you for sharing

と言われることが多いです。

　たとえば、先日のレッスンで学校教育についてディスカッションした際に、

　「日本では家庭教師を頼むのは一般的ですか？」

と質問されました。

　「あまり一般的ではありません。まず塾に子どもを通わせます。数学など特定の科目が不得意な子どもはその科目の成績を上げるために、家庭教師に教えてもらいます」

と答えると、Thank you for sharing this information と言われました。私の情報を先生とシェア（共有）したことを感謝されているのであり、日本語にはあまりない感覚です。

16　フィリピンの人々はなぜ英語ができるのか聞いてみた

●子どもに英語のビデオ、英語の授業

　ある日のレッスンで教材を使わないフリートーキングを選び、フィリピンの人々がなぜ英語が話せるかを質問してみました。フィリピンでは、子どもが幼い頃から英語のビデオを見て育っている、小学校では英語の授業が行われるということで、生きた英語を幼い頃から学んでいるそうです。

　日本でも子どもは英語のビデオを見るし、幼児英会話教室に通っている子どもも多いし、小学校でも英語の授業はあります。しかしその頻度や密度が違うのでしょうか。

●フィリピンの先生は英語で考えて英語で語っている

　フィリピンの先生は本当の意味で英語が堪能です。日本人のように、自国の言葉をまず思い浮かべ、それを英訳する作業はしていないのでしょう。つまり最初から英語で考えて話しています。

　オンライン英会話で先生と話していると、いつもそれを感じます。先生の英語はスピードが早く、現地の言葉の変換ではなく、直接英語が口から出てきているのがよくわかります。その点で、日本人で英語ができる人とフィリピン人で英語ができる人の語る英語は異なると思います。

第2章まとめ

①レッスン前は緊張するが、先生のやさしい笑顔で緊張は一瞬にして吹っ飛ぶ。

②パソコンを2画面に拡張して、わからない単語や知識をGoogle® 検索しながらレッスンを受けることもできる。

③先生から単語の同義語や反対語、単語の定義を英語で答えるように指示されることがあり、このような知識は大学受験にも応用できる。

④先生は日本のミュージシャン（サザン）や食べ物（寿司、うなぎなど）をよくご存じで話が盛り上がる。フィリピンの食べ物の写真をチャットボックスで送ってくれることもある。

⑤ブログを書いているといえば読んでくださり、すぐ仲良くなれるフレンドリーな先生が多い。

⑥レッスンではダイエットの話は多い。ベジタリアンといっても多くの種類があり奥深く、徹底した菜食主義を取る人がいるので、外国人を接待するときは注意が必要である。

⑦フィリピンの先生たちは英語で考え、英語で話しているのがわかる。フィリピンの子どもたちは英語のビデオを観て育ち、小学校で英語の授業がある。

第3章
オンライン英会話のメリット 10 個・デメリット 0 個

　オンライン英会話のメリットは数えたらきりがありません。その多くのメリットの中から 10 個を厳選します。デメリットは今のところ全く見つけられません。

　オンラインといっても、レッスンの内容、手続はすべてリアルな世界の学校と同じであるどころかそれ以上です。英語はペラペラになるし、スピーキングだけでなく、他の 3 技能（読む、聴く、書く）を向上させ、最終的には英検 ® 合格や TOEIC® の目標点の獲得につなげることができます。

　一言でいうと、オンライン英会話はハイクオリティなプライベートレッスンです。

1　初心者にもやさしいから大丈夫

● hello や thank you なら言えるレベルでも

オンライン英会話スクールは初心者、さらに超初心者にもやさしいスクールです。様々なレベル、クラス、教材が完備されています。

英語初心者にとって、英会話学校は敷居が高く、入会を決心しても学校の前を行ったり来たりという話はよく聞きます。

しかしオンライン英会話はマンツーマンで自室で受けられるし、先生がやさしく誘導してくれるので心配いりません。

・英検® 5級や TOEIC® 未受験の人でも

自分のレベルではどのクラスを選んだらよいか決められないと思います。超初心者でも受講できるのかも心配だと思います。スクールでは英語力のレベルの目安を示しています。たとえば

① QQEnglish

Lv 1：英検® 5級

「超初心者レベル：アルファベットやカタカナ英語など、なじみのある言葉であれば理解できる」（同スクール「英語レベル表」）（https://www.qqeng.com/level/）

②レアジョブ

レベル1：「英語であいさつができます。お礼や謝ることができます」（同スクール「レアジョブ英会話のレベル設定」）（https://www.rarejob.com/experiences/level/）。

ほかにも多くのスクールで初心者レベルが設けられています。つまりオンライン英会話は初級者にもやさしいスクールです。中学1

年の初めくらいの初心者レベルでも大丈夫ということです。

● 60代初心者男性の悩み

オンライン英会話を始めたいが迷っている60代の初級者男性にその懸念を聞いてみました。

60代にもなって初心者レベルだと恥ずかしいです。
　受付の人や他の生徒に会わなくても済むオンライン英会話にしたいのですが、自分のようなレベルだと先生が嫌になってしまわないでしょうか？

この人のいうとおり、オンライン英会話は、クラスメートに下手な英語を聴かれることはありません。「しゃべれないので先生に申し訳ない」という点だけがこの男性の悩みです。

これは心配ご無用です。何十万人も会員を抱えるスクールもあるので、様々な受講生がいます。生徒は自分のことにだけ注目しているので、先生に申し訳ないと思ってしまいますが、スクールからみたら、ほかに初級者はたくさんいます。

●先生は解答を根気強く待ってくれる

英語が出てこなくて先生の質問にすぐに答えられないときがあります。それでも先生はニコニコ笑いながらじっと解答を待ってくれるのが画面上でわかります。単語の羅列でも何か答えればよいです。

●**先生は初級者と音読まで一緒にやってくれる**

初心者レベルでも先生は
面倒を見てくれますか？

　もちろん面倒みてくれます。オンライン英会話は、初中級者にもかなり配慮した講座の構成になっている印象を受けます。

　音読がうまくできない生徒には先生が一緒に音読してくれるそうで、まさに中学高校の授業のように、先生が読み、生徒がそれについて読むという形式を行うこともあるそうです。

　私も初級レッスンを受けたことがありますが、thisやthatなどの本当に簡単な単語をもとに文章をつくり、中学で初めて英語を学んだときのような新鮮な気持ちになりました。それでいて大人であることにも配慮されたレッスンで、新たな単語やフレーズも教わりました。つまり中級の人が初級のレッスンを受けても得ることがたくさんあります。

2　5分前でも予約できる、30分前にキャンセルできる

●**夜食後23：00にやっとレッスン予約**

　オンライン英会話（レアジョブ英会話）に関する私の1日はこんな感じです。

①朝7：30

・スクールのテキストでネイティブが音読したものを聴き流す。
　朝は眠くて元気もないため、一緒に発音することまではしない。
・新しい単語だけは確認。

　この後すぐにレッスンを予約すればよいのですが、
・仕事が何時に終わるかわからない
・今日は飲み会があるから、何時に家に帰れるかわからない
・夜になったら眠くて受講できないかもしれない
などの理由ですぐには予約しません。

②朝9：00

仕事に突入

③19：00

飲み会

何時に帰宅できるかわ
からないので、まだ予
約しません

④ 22：30

帰宅

> このあと眠くなったり
> 体力がないと英会話は
> できないので、まだ
> 予約しません

⑤ 23：00

レッスン予約

> まだ体力が残っている
> ので、やっと24：00
> にスタートのレッスン
> 予約

　５分前でも予約できるので、このように体調と相談しながらレッスンを受けるかどうかを決められます。レッスンは朝６時から深夜１時まで開かれています！

●直前の予約でも No Problem と笑顔でいってくれる

　５分前まで予約できると決まっていても、直前の予約はいつも申し訳ないと思っているので、

> 開始直前の予約ですみません
> I am very sorry to have booked your lesson just before its start.

と言うと、先生は笑顔で No problem と言ってくれます。そしてこんなに直前に予約しても、どんなテーマのディスカッションでも応じてくれます。

●リアルな世界の学校は眠くても帰るわけにいかず

　オンラインではない学校は、そこに着いてしまったら、体力が残っていなくても、眠くても帰るわけにはいきません。

　なかなか帰れないよ

●キャンセルして眠り、夜中のレッスン予約

　レッスンの30分前であれば、キャンセルできることもメリットです。たとえば、1時間後のレッスンを予約したときは元気でしたが、その後急速に体調が悪くなり、30分前にキャンセルしたことがありました。

　そして横になって休息した後、体調が回復したので、夜中のレッスンを予約しました。

　20：00くらいでも疲れているときはまず眠り、夜中のレッスンを予約することもしばしばです。眠くなったらまずは寝て真夜中に起きて受験勉強をするのと同じです。

24:00にレッスンやろう！

　このようなフレキシブルな予約ができることもオンライン英会話のメリットです。

3　すきまの25分にはめ込めるレッスン

●先生と生徒がお互いのすきま時間をマッチング

　日本人の英語力が急速に上がったのもオンライン英会話やアプリの普及が1つの理由だと思います。

　オンライン英会話はすきま時間を25分見つけて、レッスンをはめ込むことができます。通学時間を全く考慮しなくてよいので、とにかく25分確保できれば、毎日レッスンを受けられます。先生の数は多く、各先生もレッスン可能時間を掲示しているので、レッスンが予約できなかったことはほとんどありません。

　つまり先生と生徒がお互いのすきま時間をマッチングさせて、レッスン時間を決めているようなものです。

　ランチタイム、移動時間、待ち時間など、どんな時間でもよいので25分を見つけてレッスンをはめ込みます。パソコン以外にスマホやタブレットでも受講可能というスクールが多いので、どこでも受講できます。

●朝6時～深夜1時のどこでも25分

　たとえばレアジョブ英会話では、朝6時～深夜1時までレッス

ンが開講されているので、そのどこでも 25 分を見つけてレッスンをはめ込めばよいです。リアルな世界の英会話学校は、たとえば 18:00 からのレッスンで 17：00 くらいに体調が悪かったら休むでしょう。

　しかしオンライン英会話は深夜までに回復すればそのどこかの時間でレッスンを受けられます。

4　教材費ゼロのオリジナルテキスト

●必要なテキストクリックするだけ

　レアジョブ英会話のオリジナル教材は非常に充実しており、しかも教材費ゼロです。入会金もかかりません。

　学校に入るときは、入学金や授業料のほかに教材費が何千円もかかり、これが結構な負担です。しかも教材は重くてかさばり、これを家に保管し、レッスンに持っていくだけでも疲れます。

　オンライン英会話では教材を画面上で開く、レッスンが終わると画面を閉じるだけなので、嵩張らないし、重くもありません。当然、レッスンを受けるために持っていく必要もないです。

5　先生を年代、性別、専門で選べる

●専攻に関わらずどんなテーマでも語れる先生

　上級者は先生とディスカッションします。先生は幅広い教養を持ち、歴史、哲学、経済、教育、技術、政治、娯楽などいかなる分野でも英語で語れます。

　スクールのウエブサイトには、予約可能な先生の写真が掲示されています。レアジョブ英会話では先生の大学時代の専攻も記載されているので、その日にディスカッションするテーマに近い専攻の先生を選ぶことができます。たとえば、学校の授業についてディスカッションするときは、教育学科卒の先生を選ぶことができます。

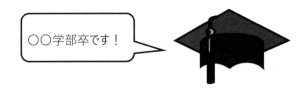

○○学部卒です！

●予習しているから何でも語れるのではない

　私は最近は、専攻を気にせず先生を選ぶことにしています。先生はどんなテーマでも対応できることがわかったからです。

　先生は予習しているからなんでも語れるのではありません。その証拠に、5分前にレッスン予約しても、どんなテーマでもディスカッションしてくれます。

　「この先生、このトピックの知識がないのかな？」とか「この先生、このテーマ弱そう」と感じたことは一度もありません。

●先生の年代で選ぶことが多い

　掲示されている多くの先生の写真からはやさしさがあふれているため、あとは自分と近い40代、50代の先生を選びます。

●フィリピン大学出身というタブあり

　フィリピンにはフィリピン大学という非常に優秀な大学があります。レアジョブ英会話では、レッスン予約の際にフィリピン大学出身の先生を選択できます。

　この大学出身者は人気が高いですが、ほぼいつも予約できます。しかし私の率直な感想では、どこの大学出身の先生でも教え方や知識に差異を感じたことはありません。

6　毛布にくるまっていても受けられるレッスン

●「インフルエンザです」と堂々と言える

　インフルエンザなどにかかって体が辛いと外出できず、他の人に病気を移す可能性もあるので、リアルな世界の英会話学校は欠席せざるをえません。

　しかしオンライン英会話はできます。Skype® やレッスンルームであれば先生に病気をうつすこともないからです。通学の必要もないので体力を使うこともなく、パソコンの前でレッスンを受ける体

力さえ残っていれば受講できます。

　「インフルエンザにかかっています」と先生に言ったとしても、決して非常識ではありません。私はこのように言った瞬間、先生に嫌がられるかなあと後悔しましたが、オンラインでは移す危険もないことにすぐ気づきました。

　このように、オンライン英会話はインフルエンザ、風邪などが「うつる」という配慮が一切必要ありません。

●病気のときは初級レッスンを受ければよい

　問題は自分の体力だけです。熱があっても、咳が出ても、骨折していても、レッスンを受けたければ受ければよいです。毛布にくるまってマスクをしながら受けてもよいです。

　私もインフルエンザで最も苦しかった２日間休んだだけで、あとは受講していました。苦しい２日間であっても、どこか体調のよい時間帯を見つけて、そこにレッスンを埋め込むこともできます。

　そしてさらなるメリットは、レッスン内容を毎回変えたり、先生に体調など様々な事情を話すことができる点です。

　病気でつらい日は、難しい教材はやめて、初級者用レッスンを受ければよいです。文字を見るのが辛ければ、先生にフリートーキングをお願いすればよいです。

　コースを毎回変えられないスクールがあったとしても、体調を先生に話せば配慮してくれるでしょう。個人レッスンのよさです。

●先生にたくさん話してもらうようにリクエスト

病気で話すのも辛ければ、あらかじめ先生に質問する事項を用意しておいて、レッスンではこれを読み上げ、先生が話すのを聴いていれば、リスニングの向上につながります。

フィリピンの先生は話し好きなので、質問すれば喜んで長々と話してくれます。英語の質問だけでなく、家族、趣味、フィリピンの観光などなんでもよいです。内容はどうであれ、病気でもレッスンを受けたという形式をつくることができます。

次のように先生にリクエストすればよいです。

今日は病気で辛いので、先生にたくさん話していただきたいです。
Today, I do not feel well, so I hope that a teacher will talk a lot.

●寝っ転がってレッスンを受けることも

眠くてもレッスンを受けたいときは、先生には失礼ですが、寝っ転がるのに近い姿勢でリラックスして受講しています。壁やソファに寄りかかって足をだらんとして受講することもあります。カメラに映るのは顔と上半身だけです。

これこそオンライン英会話の利点であるフレキシビリティです。

●勝負事は away より home

リアルな世界の学校は、「気分が悪くなって倒れたらどうしよう」と心配で、体調が悪い日は欠席するでしょう。しかしオンライン英会話は家で受けるのですから何があろうとも安心です。

勝負事は away より home のほうが有利と言われます。オンライン英会話も「先生と話して英語力を勝ち取る」という勝負です。

homeのほうが有利です（ここで私がいうhomeは、「自宅」という意味ではなく、「自分が決めた場所」という意味で使っています。会社、外出先、喫茶店、宿泊先であっても、自分がレッスンを受けると決めた場所はhomeです）。

勝負事は
homeが有利

7　画面を閉じれば終わり、エレベーターで会うこともない

●先生以外との人間関係ゼロ

英会話学校では最初にレベルチェックを行うところが多いです。そのレベルが受付、他の生徒にわかってしまい、自分の年齢、立場から、「そのレベルでは恥ずかしい」と最大の悩みを抱える場合があります。

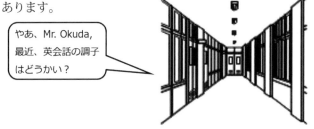

やあ、Mr. Okuda,
最近、英会話の調子
はどうかい？

オンライン英会話では、予約、レッスンをすべてスクールのウエブサイトで行うので、自分と先生だけの人間関係に終始します。レアジョブ英会話のレベルはウェブサイトの自分のページに記載されているだけです。先生の前で恥をかくことはありますが、これは上級者も同じです。何か習う以上は恥はつきものです。

　しかも先生とフェイスツーフェイスでかく恥よりも、パソコンやスマホの画面を通してかく恥のほうが痛手は少ないはずです。

●先生とも画面を閉じてしまえば終わる関係

　唯一の人間関係である先生との関係もレッスンが終わって画面を閉じてしまえば、その瞬間に終わってしまいます。リアルな世界の学校のように、先生やクラスメートと部屋や廊下、エレベータで顔を合わせている関係ではありません。

　日本人ほどオンライン英会話に適した国民はいないと思います。

> ・知的レベルは高いが英語が話せない人が多い。
> ・恥を恐れる人々が多い。

　この２つを解決してくれるのは、オンライン英会話以外にあり得ません。

●お気に入りの先生をブックマーク

　画面を閉じれば人間関係が終わると言っても、good-by するのが寂しいと思わせる先生もいます。このような先生は次回も選びたいです。レアジョブ英会話では先生をブックマークすると、「ブックマークから予約」にその先生が追加されます。名前を忘れてしまい、「どの先生だったかな〜」と必死に写真を探す必要がありません。

8　いつでも辞められるから大損ありえず

●辞める意思表示もクリック動作で気兼ねなし

　レッスンを辞めるとなると、先生に申し訳ないという気持ちがまず起こります。ほかにクラスメートがいる普通の英会話学校では、先生、受付の人やクラスメートと仲良くなってしまっており、なかなか言い出せないという経験は私にもあります。

　クラスメートが10人くらいいるドイツ語学校に通っていたときも、レッスン終了後は皆でドイツ料理を食べに行くのが常であり、辞めることをなかなか言い出せませんでした。

●個人レッスンを辞めるのは気が引ける

　ましてやリアルな世界の個人レッスンは、先生に対する気兼ねで何年も続けてしまうことがあります。辞めるときは「菓子折りを持って挨拶にいく」という人もいるでしょう。私は子どもの頃、ピアノレッスンに通っていましたが、母が先生に気兼ねして15年も続けてしまいました。

　こうして大変な思いをして辞めると、二度とその学校に行こうとは思いません。再び辞める日の苦痛を考えてしまうからです。

しかしオンライン英会話は、「気兼ね」が一切ありません。辞める意思表示はウエブサイトでクリック動作で行います。私は休会した時期がありましたが、オンラインで休会申請できることを心からありがたいと思いました。

●ありがたい休会扱い

　退会ではなく休会扱いはありがたいです。その間料金はもちろんかかりません。レアジョブ英会話の場合は自分のページに「休会中」と表示されています。

　その背後に「いつでも戻ってきてください」というスクールの配慮とやさしさを感じました。つまりウエブサイトの後ろに人間がいて、温かさを送信してくれているようでした。

　自分はまだ「レアジョブ英会話の会員であり、休んでいるだけ」という安心感と帰属意識もありました。

●簡単に辞められるから戻りやすい

　もしこれがリアルな世界の個人レッスンだったらどうでしょうか。先生に辞めると告げたら、なかなか足が遠いて戻りにくくなります。「再開させてください」という場合も、また菓子折りを持って先生に挨拶に行きます。戻れば歓迎されるでしょうが、また仕事の都合で行けなくなるかも知れません。今度は後がありません。

　オンライン英会話は何度も休会し、何度も戻ることができます。実は私も仕事が忙しくなるたびに休会しているので、少なくとも2回は休会→再開を繰り返しています。この気楽さとフレキシビリティが大きなメリットです。

　英語の勉強は一生かかっても終わりません。気長に細く長く続けるには、「疲れたら休む、休んだら再開する」というスタンスが必

要です。この「細く長く」を実現してくれるのが気兼ねのいらない
オンライン英会話です。

●金銭的にも大損なし

　多くのスクールは、月額料金のプランで毎月の引き落としであり、
休会中は料金がかからないので、金銭的にも大損があり得ません。
入会してみて合わなかったら、すぐに休会すればよいです。

9　「プライベートレッスンは高い」の常識打ち破り

●一般的なプライベートレッスンのイメージ

　英会話のプライベートレッスンというと、まず「高い」と思うで
しょう。確かに高額です（1 レッスン 1 万円以上のところもあり）。
しかし贅沢な気分にはさせてくれます。

　エレベーターを降りると、そこは別世界。瀟洒なインテリアや
ふかふかの絨毯で高級ホテルのロビーにいるような感覚を覚えま
す。受付の美女は生徒の顔と名前をすべて覚えており「こんにちは、
○○様」といって、レッスンの部屋を案内してくれます。

通される部屋も高級ホテルのような雰囲気で、この部屋で外国人講師と1対1のプライベートレッスンを行います。このようなインテリアと女性とネイティブスピーカーが迎えてくれるのですから、高額で当然です。

●オンライン英会話でもゴージャスな演出できる

　オンライン英会話にはもちろん、このような演出はありません。自宅や職場、外出先で思い思いの恰好で（自宅で部屋着が多い）、Skype®（専用のシステムを使っている学校もある）でレッスンを受けるため、当然、価格も安くなっています。

　しかし、ホテルのスイートルームのような演出は要らないから、とにかくお金をかけずに勉強したい、と望む人は昨今、多いと思います。私もその1人です。

　もしホテルのスイートルームのような部屋でレッスンを受けたければ、自分でその演出をすればよいだけです。自室を飾るとか、高級喫茶店に行くとか、あるいは本当にホテルに泊まってレッスンを受ければよいのです。

●リアルな世界のスクールは学校が雰囲気づくり

　リアルな世界の英会話スクールは、スクール側にレッスンの雰囲気づくりの主導権があります。学校の提供する教室に決まった時間に通い、きちんとした格好で正しい姿勢でレッスンを受けます。そこには規則があり、生徒はこれを守る必要があります。

　オンライン英会話に規則や秩序がないとは言いません。しかしウェブカメラに映るのは、ほとんど顔と部屋の背景のみであるため、リラックスしてレッスンを受けられます。

●ハイクオリティなレッスン

　レッスンの質は、私がこれまで受けてきた英会話学校と全く変わりません。教材の質、先生とのディスカッション、覚える単語やフレーズ、センテンスも、まさに最終的には英検®1 級、TOEIC®900 点以上を目指せるレベルです。

　ビジネス英語、ディスカッション講座、日常英会話、発音講座など豊富なコースが用意されています。

●自室でプライベートレッスンを受けている感じ

　私の夜はこの英会話のためにあるようなものです。夕食後も自室で仕事をしながらも、パソコンの画面をときどき切り替えてはレッスンの予習⇒レッスン受講⇒レッスン学習記録をつけています。画面の切り替えだけでこれらのことが行えるので、忙しい仕事との両立が十分可能です。

　毎晩、自室で英会話の個人レッスンを受けているような感じです。リアルな世界とオンラインの世界がほとんど同一視できるのがオンライン英会話の利点です。

●オンライン英会話は一体いくら？

　私が受けているレアジョブ英会話は、月額 5,800 円（税抜）で毎日 25 分のレッスンを受けられます。25 分を少ないとは思わないでください。これは、集中力を持続させるのにちょうどよい時間です。

英語を話すのですから、日本語で勉強するよりは集中力が続く時間は少なくなります。毎日やることがポイントです。月8回レッスンの月額4,200円（税抜）のプランもあります。

　さらに認定講師とコース専用教材によるレッスンが受けられる「ビジネス英会話コース」（9,800円（税抜）／月）がありますが、私はとにかく毎日レッスンが受けられればよいと割り切って、1か月5,800円のコースにしています。

10　ずっと残せる Skype® トークとフィードバック

●先生から叱られたことは一度もない

　私の Skype® 画面を見ると、チャットボックスには、先生との心温まる会話が数多く残っています。卒業文集を見ているような気分になります。しかし、どの会話を見ても、厳しく叱られたり、注意された記録はありません。どの先生も誉めてくれるし、間違いはやさしく訂正してくれます。

あなたの英語は文法的に正しいです。発音も正しいです。
自分の意見をきちんと英語で表現できます。

海外の映画を観たり本を読んで、引き続き英語力アップに努めてください。
この後も楽しい夜を過ごしてください。また会いましょう。

　このような趣旨のメッセージが残されています。先生の送ってくれた記事の URL とあいまって、1 つひとつのレッスンが懐かしく思い出されます。きっとフィリピンの先生は褒め上手なのだと思います。

第 3 章まとめ

　オンライン英会話のメリットは挙げたらきりがない。デメリットは見つけられない。

メリット 1　初心者にもやさしく音読まで一緒にやってくれる

メリット 2　直前の予約ができるし、キャンセルもできる。

メリット 3　早朝から深夜まですきまの 25 分にレッスンを入れられる。

メリット 4　オリジナルテキストは質と種類が充実している。

メリット 5　先生を年代、性別、専門などで選べる。

メリット 6　体調が悪いときは少し寝っ転がった姿勢でも受けられる。

メリット 7　レッスンが終わり画面を閉じれば人間関係が終わる。

メリット 8　月額制でいつでも休会できるから大損なし

メリット 9　リーゾナブルな価格のプライベートレッスン

メリット 10　先生は厳しく叱ることなくほめてくれる。

第4章
オンライン英会話実況中継

　毎晩、オンライン英会話で外国人の先生とあいさつ、自己紹介するだけでも英語に対する敷居が低くなっていきます。外国人とフェイスツーフェイス（画面越しですが）になるという状況は、英語に対する心のバリアをとりのぞいてくれます。

　先生の前で何度もテキストを音読するうちに発音もよくなり、ステップ・バイ・ステップで会話のレベルを上げていくことで、無意識のうちに英語の実力アップにつながっていきます。

1　家族との夕食の会話がレッスンの予習

●英語で話すために、家族と話すようになる

　「毎晩、オンライン英会話をやっています」と言うと、夜は自室にこもりきりで、家族団らんとは程遠い生活をしていると思われがちです。しかしその正反対で、オンライン英会話を続ければ続けるほど、家族との会話は日々増えていきました。理由は2つあります。

①私が話題豊富になったこと

②レッスンの予習として、家族と会話して知識を得ることが多くなったこと。

　たとえば学校や子どもの話題であれば、

・いじめをなくすにはどうしたらいい？

・授業中騒ぐ子がいたらどうしたらいい？

・学校給食とお弁当のどっちがいい？

・いい先生ってどんな先生？

・先生は夜遅くまで働いているけどなぜ？

・子どもが学校にスマホを持っていくことは必要？

などの簡単な質問に対して思ったことを話し合います。このような質問は子どもでも答えられるし、むしろ子どものほうが率直な意見を述べてくれます。

　これをレッスンで話せばよいです。家族との夕食の会話がそのままレッスンの予習になっています。専門的なことや難しいことを話す必要はまったくありません。

―話題1―　お弁当と給食どっち？

> 　母　：お弁当と給食のどっちがいい？
> 子ども：給食がいい。そのほうがおいしいし、お弁当箱は重い。

↓

> うちの子どもは給食のほうがおいしいといっています。私もそう
> 思います。

　このようにレッスンで言えばよいです。その答えだけで講師とは
十分、会話が盛り上がります。講師もお子さんがいる人（子ども3
人という先生が多い）は、「そう、うちの子どもも……」と話を続
けてくれます。
　初心者であまり英語を話せない人は、講師にたくさん話してもら
い、聞き役に回るのも1つの方法です。

 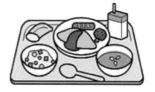

　余裕と英語力があれば、

> 　給食のほうが栄養を考えてつくられている。お弁当を忘れる子も
> いるし。お弁当を子ども同士で比べることもあるし……

など、自分の考えをつけ足していけばよいです。

　もう1つの予習として、使いそうな英単語をメモしておきます。

【図表5　予習：使えそうな英単語をメモする】

学校給食（school lunch）
お弁当（packed lunch）
弁当箱（lunch box）
おいしい（delicious）
栄養がある (nutritious)
洗う (wash)
忘れる (forget)
比べる (compare)

↓キーワードをつなげて話す

給食のほうが栄養はある。お弁当を忘れる子もいるし。お弁当を子ども同士で比べることもあるし。
School lunches are more nutritious.
Some students may forget to bring their packed lunches.
Students may compare their packed lunches.

　できればこのように英作文しておいて、レッスンで読み上げてもよいです。難しければ、

　School lunches are more delicious.

　（学校給食のほうがおいしい）

というワンセンテンスだけでもよいです。

—話題２— スマホ依存をどう思う？

> 妻：スマホばかりやっていていると人と話す機会が減っていくわね。
>
> 夫：上司でランチのときもスマホの画面見つめている人いるけど、その人は外国の人とチャットして英語力がアップした。スマホが人をダメにするばかりとはいえない。

　そして、これをもう少し発展させ、英語交じりで話していくようにします。

> 妻：スマートフォンにフォーカスしていると、人とトークするチャンスが減っていくわね。
>
> 夫：マイボスはランチのときもスマートフォンのスクリーンをウォッチしているけど、彼は外国の人とチャットし、英語のスキルがインプルーブした。スマホが人をスポイルするとは言えない。

　これでほとんどの英単語はわかったので、予習はほぼ終わったも同然です。家族も英語を覚えるし、会話も増えます。

●少し難しい話題のときは、検索して下調べが必要

　お弁当やスマホの話題であれば、基礎知識というよりも家族との会話で実際の感想を聞くほうが大切ですが、環境問題や国際情勢などは下調べして基礎知識をつけておくことが必要です。

　たとえば、「サンゴ礁の減少についてどんな問題があるか？」という質問に対して、サンゴの役割、その減少、白化という問題を知らなければ、いくらスピーキング力があっても

　I have no idea. I am not knowledgeable about coral reefs.

と言うしかありません。ネイティブの人でも、知識がないことは話せません。

　基礎知識がなければ、レッスンを受けても英語のブラッシュアップにはつながらず、時間を無駄にします。

　したがって、自分の意見までは考えなくても、サンゴ礁の減少という問題があり、何が困るのかをインターネットを検索するなどして調べておきましょう。

2　ホッキョクグマが村を歩くニュースで マイ箸持参

●猫を飼っている私にとってつらいニュース

　ある日のレアジョブ英会話レッスンで、「ロシアの村でホッキョクグマが餌を求めて歩いている」という記事をもとにディスカッションしました。温暖化で海氷が溶け、獲物のアザラシを捕獲できなくなったからです。ホッキョクグマ似の猫を飼っている私にとって、これは忘れられない悲しいニュースでした。

　環境問題はレッスンでは頻繁に取り上げられるトピックであり、今日生じている問題のほとんどが環境問題と関わっています。

●パッセージを短文にまとめて記録しておく

　レアジョブ英会話のディスカッションクラスでは、毎回、このような記事を音読した後、要約するように指示されます。250ワードくらいの記事であれば、１〜２文にまとめることが必要だそうです。

　これが英語力アップにつながるのはもちろんですが、この要約した１〜２文を覚えておき、ノートやパソコンに記録します。そうすると自分の一般的知識となり、この知識を様々な場面で取り出して使うことができます。

　たとえば、次のような簡単な文章にまとめます。

> ロシアの村では、ホッキョクグマが餌を求めてねり歩いている。地球温暖化により海氷が溶け、彼らの生息地が奪われているのである。

（この文章の英訳）

> Polar bears are walking to find food in a village in Russia.
> Their habitats have been lost because of melting of sea ice due to the global warming.

　長いニュースもこのような短い文章にまとめ、簡単な英語に訳すことができます。

●でも英単語がわからない

　英単語がわからなければ、簡単な英文をつくることもできない、という人はいるでしょう。

　しかし、前項の文章も実は非常に簡単な英単語しか使っていません。

ホッキョクグマ	polar bear
ロシアの村	village in Russia
歩く	walk
餌	food
地球温暖化	global warming
海氷	sea ice
生息地	habitat

　このような簡単な単語のみでホッキョクグマのニュースを表現できます。このなかで難しい単語といえば、地球温暖化（global warming）、生息地（habitat）くらいでしょう。

　生息地は place where they live といい換えることができます。文章が長くなってもよいので、知っている単語でわかりやすく話す、書くことが重要です。

●環境問題に必要な言葉

　環境問題を語ることは多く、簡単な言葉を挙げておきます。

二酸化炭素排出	carbon dioxide emission
化石燃料	fossil fuel
再生可能エネルギー	renewable energy
太陽光エネルギー	solar energy
風力発電	wind power generation
火力発電	thermal power generation

地熱発電	geothermal power generation
自然災害	natural disaster
工業化	industrialization
公害	pollution
異常気象	extreme weather
地震	earthquake
洪水	flood
火山噴火	volcano eruption
地すべり	landslide
森林伐採	deforestation
台風	typhoon
絶滅危惧種	endangered species

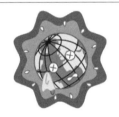

●レッスンで述べた理想を実践

　レッスンでは、環境問題に対して個人ができることを毎回のように聞かれるため、当初は私も単なるレッスン対策として、プラスチック製品を減らす、割りばしの使用をやめる、エアコンの使用を控える、車の使用をやめて公共機関の使用に切り替えるなど、実際の生活とは異なる理想ばかりを述べていました。

　しかし気がつくと、ストローは使わないし、レストランにはマイ箸を持っていくようになりました。友人との会話で環境問題についてよく話すようになり、相手もこれに影響を受けているようです。

3　スマホと人間の「寿命」は同じ英語

●エージングも人間と機械に使う

　人間とモノに関することで同じ訳語を使うことがあります。これは先生がチャットボックスで教えてくれたことです。その典型が「寿命」です。人間、動物、スマホなどモノについて「寿命」という言葉を使います。

　life expectancy, lifetime という寿命の英語も人間、動物、モノに使うことができることを教わりました。

　別のレッスンで aging（経年劣化、老化）ということばを習いました。これはアンチエージングのように人間に使われますが、aging smartphone（経年劣化したスマホ）のようにモノに使うこともできます。

●同じ英単語を人間とモノで訳語を変える

　このレッスンを通して、面白いことに気づきました。人間とモノに同じ英単語を使っても、日本語に訳すときはことばを区別すべき場合があるということです。

　たとえば a two-year old smartphone と英語では言いますが、日本語に訳すときは「2歳のスマホ」ではなく「2年経過したスマホ」

です。

　aging woman を「経年劣化した女性」と訳したらかなり侮蔑したいい方になります。経年劣化はモノに使うことばです。最近では人間に「劣化」ということばを使うよくない風潮があります。「年配の女性」と訳すべきです。

　old もモノについていうときは「古い」と訳し、人間についていうときは「年取った」と訳します。「古い女性」といったらこれも失礼です。

　これに対し、lifetime は人間とモノ双方に「寿命」と訳してよいです。

4　40歳未満でも健康診断を受けるべきか議論

●1つか2つのセンテンスで簡潔に答えればよい

　ディスカッション講座では、その日の教材のトピックに関連したディスカッションをします。ディスカッションと聞くと、英語をペラペラとまくしたて、先生と議論を戦わせるような印象を受けますが、まったくそうではありません。

　前述したように、子どもから聞いたようなことを簡単な英語で言えばよいです。1～2センテンスを言えば、先生があとは補足してくれます。

　たとえば、ある日のレッスンで

　「40歳未満の大人でも健診を受けるべきか？」

と聞かれました。

　「はい、可能性は低くても、40歳未満の人でも重大な病気にかか

ることがあるからです」
とのみ答えました。これは非常に簡単な英語で表現できます。

可能性	possibility
低い	low
40歳未満の人	people under 40 years old
重大な病気	serious diseases
〜にかかっている	affected with …
ストレスのある生活	stressful life
適度な運動	moderate exercise

「英語がペラペラな人だったらもっとたくさん話せるのに……」
と思う人もいるでしょう。しかし意外にそうではありません。

　同じ質問に日本語で答える場合を考えてみましょう。医療専門家
でもない限り、一般人はこれ以上のことはいえません。先生も私が
この一文をいっただけで満足して、あとは話を続けてくれました。

　話がはずんだら、病気を避けるには、中高年も若い人も適度な運
動とストレスのない生活が必要、飲みすぎ食べ過ぎを避けるなどと
いうありきたりの情報をつけ加えればよいでしょう。

　このように自分の意見を述べる場合でも、専門用語を使った論文
のような長いものを書いて発表する必要はありません。

5 恐竜やウィルスの発音を直された

●恐竜はサウルスではない

dinosaur [dáinəsɔ̀ːr]¹

　恐竜の英単語は dinosaur であり、この発音はディノサウルスではなく、ダイナソーです。

　恐竜というと「○○サウルス」という名前のものが多く、ディノサウルスと発音すると思っている人がいます。「ダイナソー」の発音を知らないと、リスニングで全く話が見えなくなります。

●ウイルスの発音注意

virus [váirəs]²

　ウイルスという日本語になっているため、この単語の発音を間違う人は多いと思います。

　しかし英語のスペリングの通りに素直に読めば、正しい発音をすることができます。

●負債の発音注意

debt [dét]³ ○、[debt] ×

（"b" を発音せず、デッツと発音される）

1　この発音記号は「ジーニアス英和辞典第 5 版」（大修館書店）第 590 頁より引用

2　この発音記号は「ジーニアス英和辞典第 5 版」（大修館書店）第 2326 頁より引用

3　この発音記号は「ジーニアス英和辞典 第 5 版」（大修館書店）第 546 頁より引用

●カメレオンは「シャメレオン」ではない

chameleon [kəmíːliən] ("cha"を [sha] と発音してしまいましたが、カ [kə] に直されました。つまり日本語では「カ」になっている通りの発音です。

6　意外な音にアクセントがある

●日本人特有のアクセント

ある日のレッスンで日本人特有のアクセントという話を聞きました。日本人にしか通じないユニークなアクセントだそうです。その例として私が最初に挙げたいのは、province（州、田舎、領域など）という単語です。

● province（プロヴィンス）のアクセントは？

この単語はどこにアクセントをつけて読むでしょうか。私はvi（ヴィ）にアクセントをつけてしまいました。日本人は語尾に近いほうにアクセントをつけるか、どこにもアクセントをつけず平坦に発音する傾向があります。

正解は ro（ロ）にアクセントがあります。これこそ日本人特有のアクセントであり、ネイティブに日本人の英語が通じない原因の１つとなっています。

●「スタンディング―」「よねんせー」

大学時代に教授から、私たち学生のもっと極端な日本人特有のア

4　この発音記号は「ジーニアス英和辞典 第５版」（大修館書店）第349頁より引用

クセントを指摘されました。

「君たちのことばはアクセントがおかしい。standing を「スタンディンガー」のようにアクセントもつけないどころか、最後を長く伸ばして発音する。「4年生」も「よねんせー」と発音する」。

たしかに辞書を引くと、standing は ta にアクセントがあるのが正しいです。平坦に発音する日本人の癖が、最後を長音にするという形にまで発展してしまった例かもしれません。

●クロアチアなど国名もアクセント注意

レッスンで直された国名のアクセントです。

Croatia　[kroʊéɪʃə][5]

クロアチアとして日本語になっていますが、a[e] にアクセントがあります。

Uzbekistan　[uzbékəstæˋn][6]

ウズベキスタンとして日本語になっていますが、be にアクセントがあります。

Israel　[ízriəl][7]

イスラエルとして日本語になっていますが、I[i] にアクセントがあります。

Edinburgh　[édnbəˋːrə][8]

エディンバラとして日本語になっており、[di] にアクセントをつけてしまいましたが、[e]にアクセントがあります。

5　この発音記号は「ジーニアス英和辞典 第5版」（大修館書店）第 505 頁より引用

6　この発音記号は「ジーニアス英和辞典 第5版」（大修館書店）第 2304 頁より引用

7　この発音記号は「ジーニアス英和辞典 第5版」（大修館書店）第 1134 頁より引用

8　この発音記号は「ジーニアス英和辞典 第5版」（大修館書店）第 674 頁より引用

●日本語になっている言葉のアクセント注意

　メカニズムの英単語としての mechanism は、me という語頭にアクセントがあります。

　バリケードも、英単語としての barricade は ba という語頭にアクセントがあります。

　日本語のアクセントと違う例はほかにもたくさんあります（下線部にアクセント）。

```
パラメーター　parameter
ショーケース　showcase
イメージ　　　image
パラサイト　　parasite
```

など数えたらきりがありません。

●オクダもアクセントをつけてくれる

　日本人は「オクダ」と平坦に発音しますが、ネイティブの人々は、「ク」にアクセントを付けてくれます。これこそ英単語によくある第2音のアクセントです。

7 「私の趣味は…」という英語すら直された

●単数形と複数形に注意

自己紹介文のある個所を直されました。

私の趣味は、ピアノを弾くことと、ドラマを見ることです。

My hobby is playing the piano and watching dramas.

→ My hobbies <u>are</u> …

趣味を2つ述べているからです。

趣味を聞くときは、

自由時間には何をしていますか？

What do you do in your free time?

という聞き方されることも多いです。

　趣味を聞かれるときは、「what are your hobbies?」ではなく、「what do you do in your free time?」のほうが圧倒的に多いです。散歩や掃除など趣味と言えるかどうか微妙なものまで答えることができます。

8　非常にためになった「在宅勤務」の表現

●在宅勤務：work from home

I work <u>from</u> home.　　　私は在宅勤務です。

という表現を先生が提案してくれました。

　work from home は在宅勤務です。今日、多くの社員は出社せずに家で会社と同じように仕事ができます。work from home はこのようなネット時代の勤務形態、テレワーク、リモートワークに最適の言葉です。

　そしてフリーランサーもこれに含まれることがあります。WFHという略語もあり、WFH の一言で日本でも海外でも通じるようになってきています。

　私は平日の昼間も家で翻訳会社や自分の事務所の仕事をしているので、「work from home」です。

　そしてフリーランスでもある私は、

・I am a self-employed worker.　（個人事業主）
・I am a freelancer.　　　　　　　（フリーランサー）

ということもできます。

9 無料でテキストを買う・日本に旅行に行くの英訳

●間違った日本語をもとに英訳

　日本語をまず思い浮かべ、これを英訳するのが日本人が英語を話すまでのプロセスです。最初の日本語が間違っていても、それに気づかず英訳してしまうことがあります。

①無料でテキストを買う

・buy textbooks for free (×)

・get textbooks for free (○)

　「無料で入手する」に先生から直されました。

　これは、最初から英語で考え、英語で表現するフィリピン人だからこそ、直すことができた間違いです。

　日本人同士の会話では、日本語で「無料で買う」といったとしても、誰もこれを意味的におかしいとは指摘しません。「無料で入手する」に変換して聞いてくれるからです。

　私も「無料で買う」という間違った日本語をまず思い浮かべ、これを英訳したので、このような変な英語をいってしまいました。

②日本に旅行する

　旅行といえば、「〜に行く」という発想が定着していました。国内旅行するのでも、家からどこかに行くので、このような間違いをしてしまいました。

・travel to Japan … (×)

・travel in Japan … (○)

　日本に住んでいるのだから travel in Japan は当たり前です。

●英会話と時間をかけられる翻訳は違う

「価格を下げれば、人々はその家を買えるようになる」

この文章を英語で言いたかったのですが、うまく英語が出てきませんでした。

affordable（経済的に入手可能）という単語を知っていることをアピールしたくて、文章をつくり始めると、

"Lower the price … people … affordable …"

affordable をどこに置いてよいかわからず、しどろもどろ。やはりしっかりと日本語の文章があって、時間をかけて訳せる翻訳と英語で咄嗟に表現する英会話は異なります。

似たような文章をレッスンで英作文したとき、先生が正しい文章のつくり方をチャットボックスに入力して送信してくれました。これを参考に英訳すると、

"Lowering the price makes the house affordable

（価格を下げれば、その家を経済的に入手可能になる）

と言えばよいことがわかりました。

この文章に people を登場させる必要はなかったのです。

10 「転んで起き上がった」などを自然な英語に

●「起き上がる」は stand up で十分

「子どもは道で転んだが、起き上がった」と英語で言いたかったのですが、「起き上がる」をうまく言えず、しどろもどろ。

The child fell down on the road and (rose?)

rise（起き上がる）の過去形である rose を使おうとしました。先生がもっと簡単な英語に言い換えてくれました。

stand up（立ち上がる）

で十分とのこと。たしかに stand up は「立ち上がる」と誰でも知っている熟語です。

先生は、私がつくった「The child fell down on the road and (rose?)」という中途半端な文章から、子どもが転んで起き上がる場面だなと予想して rose を stood up に直してくれました。

●「インターネットで」は「オンラインで」と簡単に

「ネットで商品を買う」

I buy products <u>over the Internet</u>.

と言ったところ、

→先生　I buy products <u>online</u>.

と直されました。たしかにこちらのほうが簡潔に表現できます。

online は形容詞だけでなく、副詞でもあるため、前置詞を伴わずに単独で使うことができます。

またネットスーパーの英訳を調べてみたところ、an online supermarket と表現することがわかりました。しかしこの単語を使

わなくても、buy products online といえば十分です。

●のどかな →　ストレスのない

「のどかな環境で植物を育てる」を英語で、

grow plants in a <u>mild</u> environment

と表現しました。

「のどかな」の訳語がとっさに思い浮かばず、マイルドと言いましたが、先生から、

grow plants in a stress-free environment.

という文章を提示してくれました。植物にもストレスがかかることがある話をしていたときなので、「ストレスのない環境」というこの場面に最適な単語です。

●私は階段を上った

I <u>ascended</u> upstairs.

先生　I <u>went</u> upstairs.

つまり「上る」を go と訳します。階段を go するのは上ることだからです。upstairs は「階上に」を意味する副詞として使われています。階段を下る（go downstairs）も同じです。

11 やっと出会えた「別件ですが」などの英訳

●ピタッとフィットする英単語に出会えた

翻訳者がずっと出会いを求めている、いくつかの英単語がありま
す。ある日本語にぴたっとフィットする英単語です。レアジョブ英
会話の教材には、辞書では容易に探せないような「ばっちり」の訳
語が載っていることが多いです。そのいくつかを紹介します。

●ところで、別件ですが

On another note

これこそ私が長年求めていた訳語です。

日本人は、「ところで」を頻繁に使います。「ところで、…。とこ
ろで、…」のように、1つの文書の中に何度も出てくるときもあり
ます。By the way を学校では習いますが、これは会話の中やメー
ルなどの柔らかい文章で使うのであればよいのですが、正式な硬い
文章で、By the way はあまり使いません。

on another note, on a different note は「別件ですが」という意
味があるので、話題を変えるシーンでは最適です。「ところで」「話
は変わりますが」「余談になりますが」という日本語に訳されます。

●そのうえ

「そのうえ」「さらに」も日本人はよく使います。これらも1つの書面のなかで何度も出てきます。

In addition,　　　　加えて、さらに

Additionally,　　　　加えて、さらに

Furthermore,　　　　また、さらに

などの訳語はもともと知っていましたが、オンライン英会話で

On top of this

を習い、「そのうえ」「さらに」の訳語のレパートリーが1つ加わりました。前の文章を受け、さらに付け加えることを述べるときに、文頭に On top of this を置きます。

In addition, … . In addition … . Additionally, … . Additionally, … .

のように、同じような言葉の繰り返しを避けるためにも、様々なつなぎのことばを知っておくことが必要です。

On top of this は面白い熟語です。「その上」という日本語通りの英語になっています。

On top of a mountain　　山の頂上に

のように、本当に頂上を表す場合と区別できるようにする必要があります。

●遭難する

この言葉をズバリ言い表せる英単語は意外に少ないです。和英辞典を引いて、「遭難者」を victim（被害者）と訳していましたが、「では『遭難する』という動詞の訳語は何でしょう？」と質問されると困っていました。

「遭難する」を「災害にあう」といい換えて、meet a disaster と表現していました。何か一言でばっちりと言い表せる言葉はないか

と思っていたところ、strand（座礁させる、頓挫させる、立ち往生させる）という言葉を習いました。

　たとえば、遭難した登山者は、立ち往生させられた登山者ということで a stranded climber のように表現することができます。

●〜年連続で

　for … years に running を単につければよいと習いました。

　例 He has been awarded for 3 years running

　（彼は３年連続で受賞した）

●〜年だけでも

　「2019 年だけでも」の英訳は、In 2019 alone のように alone をつければよいことがわかりました。

●注目を集める

　「注目を集める」という表現の英訳も私にとって長年の懸案でした。draw public attention（人々の関心を引く）という表現を習いました。

　例　The designer drew the public attention

　（そのデザイナーは世間の注目を集めた）

●〜円である

　モノの値段をいうときの便利な熟語を習いました。

　「この本は 1,000 円である」を訳すとき、「the price of this book is 1,000 yen」と回りくどい訳をしていました。

　go for …　には「… の価格で売られている」という意味があることを習いました。

This book goes for 1,000 yen.
のように簡潔に表現できます。

●どっちつかず

こんな言葉を訳すときもあります。そもそも「どっちつかず」は正しい日本語なのでしょうか。辞書を見ると、漢字では「何方付かず」と書く正しい日本語として載っています。

「どちらの立場もとっていない」という意味と考えて、neutral（中立的）、ambiguous（曖昧である）と訳していましたが、

middle ground

という英語を習いました。対立する立場の中間、妥協点、中立という意味です。

ところで、middle ground を逆に日本語に訳すときの問題ですが、どっちつかず、妥協点、中立的、折衷案など様々な訳語があります。

a middle ground position 中立的な立場（どっちつかずの立場）

find a middle ground   妥協点を見出す

middle ground という英語を見たら、その場面の雰囲気で適切な訳語を選ぶ必要があります。

●暗礁に乗り上げる

隠れている岩に乗り上げることにより、頓挫していることを意味

する「暗礁に乗り上げる」の訳語として、

   on the rocks

を習いました。日本語も英語も岩に乗り上げていることで、この状態を表現しています。

例　a relationship on the rocks

    破綻寸前の関係

例　discussion on the rocks

    暗礁に乗り上げた議論

  on the rock といえば、日本人は「オンザロックで飲む」のように氷だけでウイスキーを飲む場合に使い、「暗礁に乗り上げる」という意味があることを知らない人は多いでしょう。私もその１人でした。

  on the rocks のように rock を複数形にすることで、暗礁に乗り上げる意味を表現できます。そしてウイスキーの場合も whiskey on the rock(s) のように表現します。

●時流に乗る

  「流行っている」「トレンドである」という状態は、ポピュラーな（popular），トレンディーな（trendy）などの日本語にもなっている形容詞を使いますが、「時流に乗る」という動作は表現しにくいものです。

  jump on the bandwagon

という熟語を習いました。

　楽隊車（bandwagon）に飛び乗るのが「時流に乗る」意味を表現します。

●ゴーサイン

　give the go-ahead（ゴーサインを出す）といいます。give a green light もゴーサインを出すという意味があります。海外では青信号を緑信号といいます。

●目と鼻の先

　英語では、石を投げられる距離 (a stone's throw away from) と表現します。

　The station is a stone's throw away from my house.（駅は私の家と目と鼻の先である）

●二番手になる

　"take a backseat" という表現を習いました。後部座席（backseat）は目立たない席と考えられており、この座席を取る人は重要な位置は他の人に譲り、自分は二番手に回ることを表現します。

　後部座席は重要な人が座ることがあるので、この熟語に違和感を覚えますが、助手席より目立たない席という点ではそのとおりです。

　面白いのは、take a backseat の主語が二番手に回る人であり、人から二の次にされるときの表現ではありません。

● must だよ

日本語で「これはマストだよ」ということばをよく聞きます。「これは義務だよ、必要だよ」という意味で使われています。これは英語の助動詞 must から来ていると想像する人が多いでしょう。

そのとおりです。そしてさらに must は名詞でもあることを習いました。しかも可算名詞であるため、a must のように a（不定冠詞）を付けたり、複数形 (musts) にすることもできます。「欠かせないもの、必須のもの」という意味があります。

A heater is a must in winter.　ヒーターは冬に必需品である

●耳を疑う

「耳を疑う」を doubt と訳していました。これは正しいですが、
can't believe one's ears
という表現を習いました。「耳を疑う」をそのまま英訳した熟語があります。

「耳を疑う」という日本語を見て、その英訳を辞書で調べる人はあまりいないでしょう。doubt と訳せるからです。not believe ears という表現に出会えたことはオンライン英会話のお陰です。

●負う、負担する

費用、責任、義務を「負う」の訳語は、shoulder(肩) を使える

ことも教えてもらいました。「肩にのしかかる」というその通りの意味になっています。shoulder が動詞でもあることには驚きます。「かかる費用」を costs shouldered のように表現できます。

shoulder responsibility（責任を負う）のようにも使います。

● neck and neck

この熟語の意味は想像つきますか？

互角という意味です。僅差、少しの違いという意味でもあり、戦いや試合で使います。

The three teams were neck and neck.

3つのチームは互角だった。

「首と首」という言葉は、競馬でゴールの際の首差に由来します。

●翼の下

under the wing of parents

「両親の庇護の下」という日本語を見たら、私たち日本人は

under the protection of parents（両親の保護の下）のようにそのまま日本語を訳してしまいます。

しかし、英語では under the wing という表現があり、「庇護」→「翼」に言い換えて英訳できます。

●飴と鞭

carrot and stick という熟語を習いました。日本語では「飴とむち」です。褒美の carrot(ニンジン)は、馬の前に大好物のニンジン(褒美)をぶら下げることが語源になっています。褒美を与えることを「馬の前にニンジンをぶら下げる」と表現するのはアメリカでも同じことのようです。

●バラ色の眼鏡

　オンライン英会話で習った美しすぎて忘れられない表現です。

　through rose-colored glasses

　直訳すると、「バラ色の眼鏡を通して」ですが、「楽観的な見方で」という意味があるそうです。

・My parents see my future through rose-colored glasses.
　両親は私の将来を楽観的に見ている

●かわいい嘘

　white lie という言葉を習いました。白い嘘ではなく、罪のない嘘です。white が潔白を意味し、この意味になるのでしょう。

　これに当たる日本語は何かと考えてみたところ、「かわいい嘘」「罪のない嘘」が適訳と思います。「嘘も方便」という場合にもこのことばを使えます。

●フェードアウトとフェーズアウト

　「フェードアウトする」という日本語があります。徐々に引いていくことです。fade out では演劇や音楽などで映像をぼんやりさせたり、音が小さくしていくことを意味します。人がある場所から次第に姿を消していくときにも使われるため、「あのサークルからはフェードアウトする」というような場合にも使います。

　ある日のレッスンで phase out という熟語を習いました。

　私はフェードアウトのつづりを知らないで使っていたため、phase out の熟語を見たとき、日本語で皆が使っている「フェードアウト」はこれだと思ってしまいました。ところが違っていました。フェードアウトは fade out です。

　しかし不思議なことに、phase out にも似たような意味があります。「段階的にやめていく」という意味であり、フェードアウトと似たような意味です。

　phase は段階という名詞であり、動詞では段階的に進める、という意味があります。フェードアウト（fade out）と phase out を間違えないようにしましょう。

●～にかかる

　「（病気に）にかかる」という表現もずっと探していました。

　suffer from …　（～に苦しむ）

という表現を使っていました。しかし「苦しむ」という表現では直接的ではありません。「affected with …」という表現を習いました。

　I was affected with influenza.

　私はインフルエンザにかかった

　I was affected by virus.

　私はウイルスの影響を受けた。

　ところで、airborne disease という言葉を先生から習いました。airborne は「空輸の」という意味であるため、くしゃみや咳が媒体となり「空気感染する病気」です。

●リアルな世界の学校

　本書でも「リアルな世界の英会話学校」という表現を何度も使っ

ています。インターネット、オンライン上ではない実在の世界を英語で表現したいときがあります。

a school in the real world

と言えばよいのでしょうか。困っていたときに、オンライン英会話の教材で、

traditional school

という表現を知りました。「伝統的な学校」です。オンライン学習の話をしていたときに、それと対比してこの表現が掲載されていました。そして、オンライン学校は、

non-traditional school

と書かれていました。

そこでレッスンで先生に質問してみました。a school in the real world といってもいいですか？ 答えは YES でした。

オンライン英会話レッスンで、オンライン学習について先生と語り合ったのは面白い体験でした。今後、オンライン学習はますます普及するそうです。そして私は、英会話レッスンにはオンライン学習が最適だと述べた本書を執筆したことを先生に話しました。

12　桁数の多い数字注意

● 680,000 を英語で咄嗟に読めますか？

1001 以上の数字は聴くのも読むのも大変です。2020 は two thousand and twenty と読むこともあれば、twenty twenty と読むことがあるので注意しましょう。

大きな数字も読み方をよく直されます。

680,000 はどのように読むでしょうか。

　six hundred eighty thousand と読みます。680 と 1,000 を分けて読みます。

　600,000 は、six hundred thousand と読みます。

　6,000,000 のように、もう一桁大きければ、six million と読めばよいのですが、60 万は 100 と 1000 に分けて読みます。

　小数点の数字もよく出てきます。0.132 は zero point one three two と発音されます。

　ところで、数字の前に a を付けることもあります。

　a 20% drop　　　　20%減

　a two-day trip　　　２日間の旅行

のように、数字の前に不定冠詞（ a ）を付けることも教材では頻繁に出てきます。

13　ディスカッション講座の流れ

●ディスカッション講座はどんなレッスン？

　「Daily News Article」という記事を使って先生とディスカッションするレアジョブ英会話の講座は、私にとっては少しレベルが上でしたが受講していました。この講座を例にとってレッスンの流れを説明します。

① 講師とのフリーカンバセーション

　初めての講師との自己紹介、今日はどんな１日でしたか？　お天気の話などします。

②教材の中で登場する新しい単語を確認

　教材には新単語が例文とともに掲載されているので、これらを先生の前で音読します。

　毎日ボキャブラリーを増やすことができるので、英検®、TOEIC® 対策としても利用できます。

③本文音読

　エッセイを一気に最後まで読むか、数パラグラフごとに区切って読むか先生から聞かれます。

→私は数パラグラフごとに読むほうをいつも選びます。読み終わったところで先生から理解度の質問がされ、全文を読んでしまうと、最初に書いてあったことを忘れており、この質問に答えられないからです。

　しかし、本当は一気に全文を読んだほうがよいです。英検® やTOEIC® などの試験では長文が出題され、文章を全体として把握することが必要になるからです。最後まで読んでから設問に答えるので、最初に書いてあったことを忘れてしまった、などとはいっていられません。文章が全体として何を述べているかを把握する力が必要です。

④２〜３パラグラフ読み終えるごとに、理解度（comprehension）の質問がされる

Ｑ１　このシステムの特徴は？

Ｑ２　ABC Company のゴールはなんですか？

など単に音読しただけでなく、内容を理解しているかが問われる。

⑤記事を読み終わると要約を求められる

Q1　この記事は何について述べていますか

　　　（What is this article all about?）

Q2　この記事を要約してください

　　　(Please give me a summary of this article).

　このとき大切なのは、記事の文章をそのまま抜き出して要約をつくるのではなく、自分の知っている単語に置き換えて要約をつくることです。

　要約する力も英検®、TOEIC® のリーディングに役立ちます。別の単語にいい換えたり、長いフレーズの不要な部分をそぎ落とす練習になります。

⑥ディスカッション

　この記事をもとにディスカッションに移ります。

Q1　このシステムの改良に賛成ですか？　理由は？

Q2　ユーザとしてのあなたはこのシステムがどのような機能をもっと備えていたらよいと思いますか？

　このような質問に対して、In my opinion, … といいながら、自分の意見を述べます。長い答えでなくてもいいですし、一言なにかいっても講師がフォローしてくれます。

14　英検®を知り尽くして模擬面接を行ってくれた先生

●エッセイで大失敗したが一次試験合格

英検®1級の模擬面接をレアジョブ英会話の通常レッスンとして行っていただきました。追加料金なしです。これはレッスンで毎回、個人的にお願いして実現したことです。

ある日の夕方、英検®1級の1次試験合格通知がうちの郵便ポストに入っていました。1次試験を受けましたが、ライティングではかなり大きな失敗をしたため、自己採点もせず受験したことは忘れていました。

受験生は1次試験直後に解答速報を見て自己採点し、2次試験（面接）に備えますが、私は自己採点もしていませんでした。ここで他の受験生より2次試験の準備期間を2週間以上損しています。

●再開クリックして数時間後にレッスン

合格通知には、2週間後に2次試験（面接）がある旨が書かれていました。これを見たとき、嬉しいより「どうしよう」という気持ちしかありませんでした。ちょうどその時点では、オンライン英会話を休会していました。

慌てて「再開」をクリックし、数時間後にはレッスンを受けていました。これもオンライン英会話のよさです。再開をクリックした直後にレッスンを受けられます。

　そして毎日、先生にお願いして英検®の模擬面接を行ってもら
う日々が続きました。

●「Oh, Eiken！」と言う先生たち

　レアジョブ英会話には当時、TOEFL® スピーキングテストの対
策クラスがあり、毎回レッスンの予約時点ではこのクラスを指定
しておき、Skype® 画面に先生が登場すると、「TOEFL® ではなく、
英検®の面接のやり方でテストしてください」とお願いしました。
いずれの先生もこれに応じて下さり、断った先生は皆無でした。
　「英検® (Eiken)」と私がいっただけで、いずれの先生も、
　Oh, Eiken！
と言い、話がすぐに通じたことにも驚きました。「私は長年、英検®
受験生を指導してきたし、ずいぶん受からせてきたよ」という先生
もいらっしゃいました。

●英検®の面接の流れ

　英検®1級の面接とTOEFL® スピーキングテストでは形式が異
なります。英検® 1級は、
①氏名などの確認と日常英会話

②5つのトピックから1つトピックを選んで、スピーチ準備（1分）
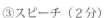
③スピーチ（2分）

④スピーチやトピックについてQ＆A（4分）
という流れです。この時間を合計すると10分くらいです。オンラ
イン英会話レッスンは25分なので、1レッスンのなかで模擬面接

を２回行うことができました。最後に先生からの講評を聞くころにちょうどレッスンが終わるというグッドタイミングでした。

●トピックカードを最初から持っている先生も

　毎日、英検®のこの流れを先生に説明するので、あらかじめすべて英文にしておき、これを先生に読み上げました。

　しかし、最初からこの流れをご存じの先生もいらっしゃいました。ある先生は５つのトピックが書かれたカードを最初からお持ちで、後ろからサッとカードが出てきたのには驚きました。

　実際の試験では、カードは受験生の机の上に伏せてあり、受験生はこれを裏返してトピックを見ます。オンライン英会話レッスンでは、先生が画面越しにトピックカードを見せてくれました。

　別の先生は、チャットボックスに５つのトピックを書いて送信してくれました。ここでも驚いたのは、瞬時に５つのトピックが送られてきたことです。

● キッチンタイマー持参でレッスンに臨む

　１分、２分、４分など小刻みな時間を測る際に、受験生はキッチンタイマーを使います。私もキッチンタイマーを持ってレッスンに臨み、先生も何らかのタイマーで時間を測ってくれました。

　なお、奇妙な光景ではありますが、受験生は１人で練習するときは、キッチンタイマーで時間を計りながら、鏡の前でスピーチします。アイコンタクト確認のためです。

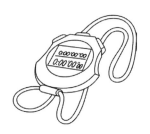

● **画面越しに先生とアイコンタクト**

　アイコンタクトとはコンタクトレンズではありません。話す相手の目を見ることです。

　面接ではアイコンタクトが必要です。手元のトピックカードばかり見ていてはダメです。先生が私のアイコンタクトも画面越しに見てくださったので、この点も助かりました。私も画面越しに先生の目を見つめました。

　Skype® でのアイコンタクトは、いったいどこを見たら私がアイコンタクトしているように相手に映るのか判断が難しいですが、本番だと思って、画面に映っている先生の目を見つめました。

● **立ち振る舞いは自分で練習すればよい**

　英検 ® 塾のような学校は全国に数多く、ここでも直前に模擬面接が行われています。部屋に入る、座るなど、スピーチの指導だけでなく、アイコンタクトを含めた立ち振る舞いまで指導してくれます。

　私も慌ててこのような学校の模擬面接も受けましたが、1回1万円くらいかかるうえに、すぐに受講できません。私のように突然合格通知を受け取り、時間がないと焦っている人には、このような学校は適切ではありません。

休会中であったにもかかわらず、その日の夜からレッスンを受けられたのもオンライン英会話ならではのことです。

　レアジョブ英会話では、模擬面接を通常のレッスンとして追加料金もなしに2週間毎日行っていただき、心から感謝しています。お陰で無事二次試験に合格できました。

　中高年にもなれば、立ち振る舞いが悪い人はほとんどいません。立ち振る舞いは自分で練習できます。部屋に入る、座る、出ていくくらいのことは、家族に見てもらってもよいです。

　問題はスピーチと受け答えであり、スピーチの組み立て方を毎日、先生から指導を受けたことが合格につながりました。

　あのような時間がない状態でも合格できたのは、オンライン英会話のおかげであり、この点を捉えてみても、オンライン英会話は4技能アップにつながることがわかります。

●英検のライティング対策を設けているスクールも

　英検®のほとんどの級では一次試験でライティングがあります。ライティング対策では、「オンライン英会話　バリューイングリッシュ」（https://www.valueenglish.com/）をおすすめしたいです。ここでは、TOEIC®、IELTS®対策講座ほか、英検®1級、準1級、2級ライティングの対策講座があり、添削指導を行ってくれます。

第4章まとめ

①お弁当やスマホなど身近な話題についての家族との会話が十分、レッスンの予習になる。

②環境問題もよく話題になるので、地球温暖化や太陽光エネルギーなど、ある程度用語を覚えておくことが必要。

③レッスンでは専門的な話をする必要はなく、理由とともに「40歳以下でも健診受けるべき」のように一言何か言えれば、話が続く。

④日本人特有のアクセントでは通じないので、そのつど辞書で発音記号を確認する。

⑤ work from home (WFH)（在宅勤務）の言葉は、日本でも海外でも浸透している。

⑥「無料で買う」「日本人が日本に旅行する」のように間違った日本語をもとに英作文してはいけない。

⑦オンライン英会話では自然な表現を教わることができる（のどかな、階段を上るなど）。

⑧オンライン英会話では翻訳者でも長年探せなかった表現を教わることができる（別件ですが、〜年連続、目と鼻の先、リアルな世界など）。

⑨4桁の数字は2桁ずつに分けて読むことができる。

⑩オンライン英会話の先生方は英検®という試験をよくご存じで、模擬面接を行ってくださることが多い。

第5章
独自の英会話上達法を教えます

　本章では、

①オンライン英会話レッスンで得た英語学習法

　　　　　　×

②筆者の翻訳経験と講師経験

　　　　　　×

③英語学習仲間の学習方法

を掛け合わせて編み出した英語上達方法を紹介します。

　また英語上達には高校の英文法を忘れることはできず、これも必要に応じて紹介しています。

　皆さんの参考になるものがあればぜひ実践してみてください。

1　文頭にあるつなぎの言葉に着目

●次の文章を予想しながら読む

英文を読むときは次を予想しながら読むと、読解力はぐっとアップします。英字新聞、エッセイなどを読むとき、次の段落を見る前に、今後どんな文章の展開があるかを推測してみましょう。

ある文章を抜き出してみて、この前にはどんな文章があったかを想定してみるのもよいでしょう。前後の文章を隠してみるのもよいでしょう。

●キーワードとなるつなぎの言葉

前後の文章を予想するときにキーとなるのが、「つなぎの言葉」です。

非常に簡単な例です。

We, however, continued to walk in the desert.

しかし我々は砂漠の中を歩き続けた。

※ however はこのように文頭ではなく、文章の中に入り込んでいることがあるので、注意してください。

この文章の前には、暑い、疲れた、苦しいなど砂漠の中を歩き続けるには厳しい状況が書かれているはずです。その前に置かれているはずの英文をつくってみましょう。

例　「暑さの中、空腹の私たちの疲労は限界に達していた。しかし我々は砂漠の中を歩き続けた」。

日本語でまず考えて英作文してもよいですし、いきなり英語の文章を考えてみるのもよいでしょう。

暑さの中 (in hot weather)
疲労する (exhausted)
空腹（hungry）

●場面を思い浮かべながら英文をつくる

日本人ですから、前に置かれている文章をまず日本語で考えてしまうのは仕方ありません。

しかし、「砂漠の中をこれからも歩き続ける」という苦しい状況の場面を思い浮かべ、その状況に合った英文を日本語を経由せずに言えることを最終目標にしましょう。英訳するだけの英作文より格段に英語力をアップさせるはずです。

●つなぎの言葉である接続詞や副詞など

文頭や文末に置かれたり、文章の中に入り込んで、文章、節、言葉などをつなぐ接続詞や副詞、熟語があります。

【図表6　つなぎの言葉】

therefore	ゆえに、したがって
in this case	この場合
for example	例えば
in short	要するに
in a nutshell	要するに

in other words	すなわち、要するに、換言すれば
namely	すなわち
on another note	別件ですが
likewise	同様に
instead	その代わりに
because	なぜなら
as	〜なので、〜のように、〜につれて etc.
certainly	確かに
meanwhile	そうしているうちに
in the meantime	その間に
at the same time	同時に
simultaneously	同時に
on the other hand	他方で
while	〜する間に、他方で〜
in contrast	対照的に
in conclusion	結論として
finally	最終的に
eventually	結局
lastly	最後に

つなぎの言葉は他にも数多くあります。

●練習してみましょう

練習１

次の文章の「…」の部分の内容を予想してみましょう。

「近い将来、人間の仕事はほとんど AI（人工知能）により行われる

ようになるであろう。しかし、…」

Most human work will be done by artificial intelligence (AI) in the near future. However, …

「AI に仕事を奪われるであろう」という趣旨とは反対の趣旨は、AI によって行われない仕事もあるということです。

たとえばこんな文章が続きます。

「一部の人間による仕事は残るだろう」

Some human work will remain.

「AI では行うことができない仕事もある」

Some work cannot be done by AI.

「人間にしかできない仕事もある」

Some work can be done only by humans.

のような英文が入れば OK です。

練習2

括弧内にはどのような言葉が入るでしょうか?

「人間にしかできない仕事もある。(①) 介護の仕事を完全に AI で行うことはできない。(②) AI を搭載した介護ロボットは、料理や掃除、被介護者の歩行や食事を助けるなど、ほとんどの介護作業を行うことができる。

(③) 介護ロボットは被介護者にやさしさや安らぎ、すなわち人間の感情を与えることができない。

Some work can be done only by humans. (①) caregiving cannot be completely done by AI. (②) nursing-care robots with AI can do most caregiving tasks such as cooking, cleaning or helping care receivers walk or take meals.

(③) nursing-care robots cannot give kindness or comfort namely human feelings to care receivers.

答え

① For example（たとえば）

　「人間にしかできない仕事もある」という前の文章を受けて、その1つとして介護はAIだけで行うのは不可能である、と述べているので、介護は具体例になります。

② Certainly（確かに）

　介護はAIだけではできない、という前の文章を受けていますが、AI搭載の介護ロボットが料理や掃除など多くの介護の仕事ができることを述べています。介護ロボットがほとんどできることを認めているので、「確かに」です。

③ However（しかし）

　「介護ロボットは料理や掃除などができる」という前の文章に対して、「被介護者に人間の感情を与えることはできない」という逆のことを述べているため、「しかし」です。

　このように、日本語を入れることはできます。これと同様のことを英語で行えばよいです。

2 要点、結論を述べている文章にアンダーライン

●アンダーラインを引いて要点を早くつかむ

要点、結論を述べている文章と、その根拠や具体例を述べる文章に分け、要点、結論に下線を引くと、文章のポイントがわかります。読みながらこの作業を行います。

● In conclusion, Finally などを手がかりに

In conclusion, Finally, Eventually など結論を述べている文章、namely, that is, in other words, in summary, in short など言い換えや要点を述べる際に付される言葉や熟語が付いている文章を抜き出して、文章全体が述べている趣旨を把握します。

オンライン英会話でも記事をサマライズ（要約）する練習を毎日行っています。これが英語のリーディングの飛躍的向上につながっています。

人工知能（AI）がもっと賢くなっても、一部の仕事は AI によって行うことは不可能である。

Even if artificial intelligence (AI) becomes wiser, some work cannot be done by AI.

たとえば、絵画や彫刻を製作する、執筆など創造性が必要とされる創作活動は AI により完全には行うことはできない。

For example, creative activities such as painting, sculpturing, writing which require creativity cannot be completely done by AI.

さらに、医師、看護士、弁護士、会計士、裁判官、技術者などの専門家は AI が普及した後も必要である。

Furthermore, professionals like doctors, nurses, attorneys, accountants, judges, engineers will be needed even after AI has become prevalent.

専門家の仕事は依頼人や患者の生命、身体、精神、利益と密接に関わっている。

よって、AI のみが行った診断、手術、判断などは、人間がチェックすることが必要である。

Professional jobs are closely related to life, bodies, mind and interests of clients or patients.

Therefore, diagnosis, surgery, and judgment etc. made only by AI should be checked by humans.

また、<u>学校の先生は人間</u>であることが必要である。<u>子どもには</u>
<u>机上の学問だけでなく、先生との交流も必要だからある。</u>

　Additionally, <u>human school teachers are necessary because</u>
<u>children need not only book-learning but also communication with</u>
<u>teachers</u>.

　<u>結論としては、介護、教育、医療、芸術、科学技術、司法など</u>
<u>の多くの分野では、人間がAIに代替されることはないであろう。</u>

　<u>In conclusion, AI will not replace humans in many fields</u>,
<u>including caregiving, education, medicine, art, science and</u>
<u>technology, and law</u>.

3　固有名詞、肩書は大事なもの以外は読み飛ばす

●肩書、機関名などはスキップしてエッセンスのみ読む

　少し硬い英語の文章になると、長い固有名詞と肩書が出てきます。
専門家の見解を述べることが多いからです。

　<u>According to</u> a lead author, <u>Dr. Andrew Brown</u>, a professor
at　… University, Department of Environmental Science, and
also a researcher at the　… Environmental Research Institute,
<u>environmental problems with animals are becoming more and</u>
<u>more serious</u>.

　このように、長い固有名詞、肩書は読み飛ばせば、それだけ時間

が削減できます。リスニングでも長い固有名詞が始まったなあと思ったら、その間は目を閉じて頭を休めていればよいでしょう。しかし、ここでは氏名は文章の主語であるため、読み飛ばさないようにしましょう。

author（著者）, researcher（研究者）, scientist（科学者）, expert（専門家）, astronaut（宇宙飛行士）, consultant（コンサルタント）, doctor（医師）, attorney（弁護士）, accountant（会計士）などの職業を表す言葉が登場すると、その後に人名や他の役職が述べられることがあります。この人たちが何と言ったかが重要であり、上の文章でいえば、

「Andrew Brown 博士が、動物に対する環境問題はますます深刻になっている」と述べたことがエッセンスであり、まずはこれだけを読めばよいです。必要に応じて、付随する肩書を見ていきます。

4　洋書は英語の最良の教科書

●多読のすすめ

英語の速読力と読解力を身につける方法として多読があります。私の周囲にも在外経験はないが英語ができるようになった人は、とにかく多読した人が多いです。勤務時間中に多読できずとも、家に帰ってから英字新聞や雑誌を読みあさり、在外経験ゼロで通訳レベルにまでなった友人もいます。

　「わからない単語だらけで先に進まない」という人もいるでしょう。わからない単語があっても、そのまま読み進めます。前後の文脈から単語の意味が想定できるようになれば、かなり読解力がついたといえます。

●洋書はネイティブの自然な表現の宝庫

　興味が持てる内容の洋書を読むことは、最良の英語の学習方法です。洋書はネイティブが書いている文章であり、動作の描写、説明からはネイティブの自然な表現を知ることができます。会話文からはネイティブの間で交わされる自然な話言葉を知ることができます。

　私は「Master of the Game（ゲームの達人）」（Sidney Sheldon 著）という洋書で数多くの表現を知りました。これが私の英語の礎になっています。

●「ゲームの達人」は英語開眼の書

　「ゲームの達人」は、初学者も含めほとんどのレベルの英語学習者に最適の書です。私は英語初級者の頃に、この本をほとんど辞書を引かずに読んだことにより、かなり英語が上達しました。

　たとえば、"By tomorrow morning, she'll be right as rain,…". という文章がこの本に登場します。「明日の朝までに雨として彼女は

回復するだろう」では意味が通じません。

　これこそ推理をはたらかせるべき場面です。少女が落馬して運ばれ、医師が彼女を診察したときにいった言葉です。「明日の朝までに彼女はすっかり回復するだろう」というセリフが予想されるので、as rain は「完全に」を意味するのではないでしょうか。

　辞書を引くとその通りでした。もう１つこの本から役立つ表現を挙げてみます。

"I ran into some old friends".

　この文章の意味を咄嗟にわからない人は多いでしょう。run into の熟語を知らないからです。

　「旧友に走りこんだ」と訳してしまう人もいるでしょう。夜中に帰ってきた姉が、心配していた妹に言った言葉です。調べてみると、「偶然会う、ばったり会う」という意味です。run into には他にもいくつか意味があり、これを熟語本などで無理やり覚えようとしても、なかなか頭に定着しません。

　洋書でストーリーを追い、情景を思い浮かべながら、run into はきっと「ばったり会う」という意味だろうと想像を働かせると、それを辞書で確認したときの喜びはひとしおであり、頭を働かせて意味を推察しているので、知識として定着しやすくなります。

　このように多読では、熟語や単語の意味を予想することにより、推理力が冴え、読解力をつけることもできます。この洋書を通して学んだ役に立つ表現を厳選して後述します。

●小説は過去形で書いてある

　「彼はそこにいた」「彼はその部屋で手紙を書いていた」のように、小説は日本語でも過去形で書かれることが多いです。著者が登場人物の動作を過去のこととして書きます。英語の小説でも同じです。

・He was there.

・He was writing a letter there.

　洋書を読む意味はここにあります。過去形を学ぶことができます。そして過去の時点で未来のことを言うときは、would を使うとか、過去の時点で動作が完了したときには過去完了 (had ＋過去分詞) を使うことがわかります。

　「聴衆はホールの外で何が起こったかを知らされた」という場合、「何が起こったか」には、what had happened という過去完了形が使われます。過去の時点で完了したことを述べるからです。

　「私は殺されていたであろう」は、実際には殺されていないので、could have been killed が使われています。過去の時点で危うく殺されていたと述べる場合です（仮定法過去完了）。

　洋書にはこのような表現がふんだんに使われており、ストーリーを追いながら、その場面に合った時制を知ることができます。過去の時点にさかのぼって動作を述べている洋書は、英語学習者にとって最良の文法の教科書でもあります。

●「翌朝」「数か月後」の表現も

　過去の時点での「その翌朝」は、the following morning と表現されます。

　a few months later, a week later, the following year などの表現も

使われます。著者が語っている過去の時点から「数か月後」「１週間後」「その翌年」という時間の関係もわかります。

●レベルに合わせた書籍が選べる「ラダーシリーズ」

　前後の文脈から単語の意味を予想するといっても、前後の単語すらわからない人もいるでしょう。これでは多読とはいってもまったく成り立ちません。

　多読するには、その人のレベルに合った書籍を選ぶことが必要です。そこでおすすめしたいのが「ラダーシリーズ」（IBCパブリッシング(株)）です。ladder（はしご）をのぼるように、ステップ・バイ・ステップでレベルを上げていきます。

【図表７　ラダーシリーズ：レベル】

レベル１	英検®４級	TOEIC® 300〜400点
レベル２	英検®３級	TOEIC® 400〜500点
レベル３	英検®準2級	TOEIC® 500〜600点
レベル４	英検®2級	TOEIC® 600〜700点
レベル５	英検®準1級以上	TOEIC® 700点以上

（IBCパブリッシング(株)ウェブサイト (https://www.ibcpub. co.jp/ladder/) より作成）

　このレベルを参考にして書籍を選べばよいですが、レベルにとら

われずに興味あるテーマの書籍を読んでもよいです。

　英語が不得意な私の夫も、「ビートルズ・ストーリー」（ジェイク・ロナルドソン著）（レベル４）、「ビル・ゲイツ・ストーリー」（トム・クリスティアン著）（レベル５）など、興味あるテーマであればレベルが高くても読めるそうです。

　各レベルにはこのほかに多くの書籍があります（前記ウェブサイトを参照してみてください）。

●「ビッグ・ファット・キャット」のすすめ

「ビッグ・ファット・キャット」シリーズ（向山貴彦著、たかしまてつを著他、幻冬舎）は心からおすすめしたい書です。

　生きた英語が学べるというのがもっと大きな理由です。使われている表現は非常に自然な英語です。

　たとえば "Big Fat Cat GOES TO TOWN" の第６頁には、

"…, Ed was a reasonably happy man … ".

という文章があり、"reasonbaly" の上は「比較的」と書かれています。

　reasonbale は訳が難しい単語の１つです。リーゾナブルという日本語にもなっており、「リーゾナブルな値段」は「手ごろな価格」「ほどほどの価格」という意味で使っています。

　幸せの程度を「比較的」と表現したのも「ほどほどに」に近い意味で非常に自然な日本語だと思います。

●多くの人にレベルがあっている「ゲームの達人」

「Master of the Game（ゲームの達人）」（Sidney Sheldon 著）は、テレビドラマ化もされた大ベストセラーですが、英語学習書としても最適です。この洋書はなぜかほとんどの人の英語レベルに合っています。

英語が全く初心者の友人もこの本だけは、辞書を引かずに全部読めたといっていました。私も初心者の頃、この本を読み、英語が好きになりました。

そして、翻訳を仕事とし、英検®1 級にも合格した現在、再び読破してみました。以前読んだときより知っている単語が格段に増えていましたが、読んでいるときの楽しさ、ワクワク度、内容の理解度は以前とほぼ同じでした。その理由を考えてみました。

①圧倒的にストーリーが面白いので、単語がわからなくても読み飛ばして、とにかく早く先を読みたいと思ってしまう

②会話や心情描写が多いので、単語がわからなくても想像つくことが多い

③ゴージャスな生活の描写が多く、リッチな生活を味わえる

スコットランドの貧乏な青年が世界的企業 Kruger-Brent をつくるというサクセスストーリーであるとともに、その青年の子孫（全5世代）にわたる家族の生きざまを描いており、巨額の富、広範囲にわたる時代と場所という2つの点で壮大なストーリーです。

青年が貧乏で苦労していたころの生活と、その子孫のゴージャスな生活の対比も面白いし、巨万の富を得ても家族の幸せが心を癒してくれるものであることを最後に教えられます。

●ネイティブが使う自然な表現を教えてくれた「ゲームの達人」

　「ゲームの達人」はストーリーが面白いだけでなく、多くの英語表現を教えてくれました。ここで習った単語や言い回しは英会話や仕事で使っています。

① "Tony was thrilled"（興奮した）

　妻が妊娠して楽しみでワクワクしているシーンで使われています。

② "David rose to his feet"（デビッドは立ち上がった）

　人を部屋で待っていて、相手が来たので「立ち上がった」という場面で使われています。

③ "the line went dead"（電話が切れた）

　ある会社に専属モデルのことを訪ねたくて電話したが、個人情報はお知らせできません、と言われて「電話が切れた」というシーン。

　相手から電話を冷たく切られ、プー、プーと鳴っている情景を思い浮かべることができます。hung up the phone（電話を切った）という表現も登場しますが、これは電話を切る側の動作です。

④ "He replaced the receiver"（受話器をもとの場所に置いた）

　電話関連の表現は多いです。replace は「取り替える、～の後を継ぐ」という意味で知られていますが、「～をもとの場所に置く」

という意味もあります。携帯電話ではなく固定電話ならではの表現
です。

⑤ "PLEASE JOIN ME FOR DINNER"（ディナーをご一緒して）

　母が息子に送ったメッセージです。人を誘うときの表現として覚
えておくと便利です。

⑥ fix breakfast（朝食を調理する）

　「調理する」には fix を使うことがあります。fix は固定するという
意味だけではありません。

⑦ get around rules（規則をたくみに逃れる）

　祖母から学校に入学させられるとき、その学校の規則は厳しいが、
その女の子は「規則をうまくすり抜ける」ことには慣れているとい
う意味で使われています。

⑧ "She was knocked unconscious"（打ちのめされて気を失った）

　unconscious は「意識がない」という形容詞ですが、文末
に置かれています。この表現をこの本で見てからは、knocked
unconscious を覚えるようにしました。

⑨ get into the school（入学する）

　学校や会社に入るときに、この表現を使うことができます。建物
の中に入るという意味ではなく、入学の意味でここでは使われてい
ます。

⑩ "I will probably be out of town next week"

（きっと来週は町にいないだろう）

　このように言って、しつこい男性の誘いを断っています。話題に
している特定の街を指すときは、このように無冠詞で使うことがあ
ります。

　洋書は最良の文法書、表現の宝庫なので、私はつねに隣のパソコ
ンには洋書を表示しておき、これを検索しながら翻訳しています。

5　英語を耳から入れて口から出るようにする

●もっとも横着なリスニング練習法

　リスニングが不得意な私でも、リスニング用の勉強は1日30分です。これはオンライン英会話の25分を含めない時間です。

　しかし、これすらできない忙しい日があります。こういうときは、リスニング音声が流れるイヤホンを耳に入れたまま床に入ります。

　いつのまにか眠っており、睡眠中も音声は流れており、早朝はその音声で目が覚める、そして布団のなかでだらだらしている時間もその音声を聴いています。これこそ、私が考え出した最も横着なリスニング勉強法です。

　起きているときにリスニングをやっても気が散ることが多いです。たとえば、机の上や部屋にあるものが気になったり、画面を切り替えて YouTube® で動画を視聴したり、インターネットサイトを見てしまいます。

　しかし部屋を暗くして布団に入っているときは周囲に気を散らすものがないため、意外にもリスニングに集中できます。

●英語が耳について離れない

　リスニングの訓練をするようになってからは、リスニングしていないときでも、頭の中に英語の音声がふっと自然に浮かぶことが多

くなりました。英語が「耳について離れない」状態です。リスニングの勉強をしていない人でもこんな経験はありませんか。

　たとえば、毎朝同じ電車に乗ると、いつも英語の同じアナウンスが流れます。

　"The next station is ….",

　"We will make a brief stop at ….",

　"… talking on the phone".

など、毎日同じアナウンスを聴いていると、電車に乗っていないときでも、このフレーズがふと頭に浮かぶことがあります。

　英語を長年勉強していても、「電車が〜駅に少々停車する」と表現する際に、前置詞 at を使うことがすぐに出てくる人は少ないでしょう。

　耳から英語を入れてしまえば、stop at … Station が口から自然に出てきます。日本人は英語を耳から覚えた経験が少なく、文字を通して目から覚えているので、忘れてしまえばそれまでで、話すときも文字で覚えた単語や熟語を記憶から取り出すのに一苦労です。

●オンライン英会話のフレーズも耳から離れない

　オンライン英会話で毎日のように交わされる会話も、そのうち耳から離れなくなります。

　"None so far"

　（（質問は？　と聞かれて）これまでのところありません）

"Thank you for sharing the information"
（情報の共有ありがとう）

"What is this article all about?"
（この記事は何について語っていますか？）

"Let's move on to the discussion".
（ディスカッションに移りましょう）

　"move on to" などのフレーズがそのうち自然に口から飛び出すように
なります。これが英語のスピーキングが上達したということです。

6　名詞の可算、不可算をきちんと調べる

● feeling は s をつけてもよい？

　名詞には可算名詞と不可算名詞があります。可算名詞は数えられ
る名詞であり、apple、desk、pencil などは明らかに数えられるこ
とがわかります。

　これに対し不可算名詞は数えられない名詞であり、water（水）,
health（健康）, information（情報）などがあります。

　水、健康、情報が数えられないのはわかるのですが、feeling（感情）、
idea（アイデア）、care（ケア）などは数えられるのかどうか迷います。

●可算、不可算がわからないと手が止まってしまう

　例　「彼らはリッチな生活を送る」
　　　They spend rich (life? lives?)

　例　「彼らの感情は〜」
　　　Their (feelings? feeling?) …

　　例　「子どもたちはケアを必要としている」

　　　　Children need (care? cares?)

　このように、名詞を複数形で使ってよいのかがわからないと、英作文はそこで手が止まってしまいます。

●可算、不可算を weblio 辞典で調べる

　名詞の可算、不可算の別を私は weblio 英和辞典・和英辞典（https://ejje.weblio.jp/）で調べています。これは非常におすすめの辞書で可算名詞、不可算名詞の区別が明確に掲載されています。辞書によってはこれが記載されていないものもあります。

　weblio 辞典には単語の発音が聴けること、「語彙力診断テスト」ができるなど様々な利点があります。

● care（世話）は不可算名詞

　care という単語を weblio 辞典で調べたところ、「世話、保護」という意味での care は不可算名詞と記載されています（https://ejje.weblio.jp/content/care）。したがって、

　Children need care.

と訳すことができます。しかし「関心事」という意味での care は可算名詞であることが記載されています。このように可算、不可算の別は同じ単語でも意味によって異なるので、この点は要注意です。

● feeling（様々な感情）は可算名詞

　「（喜怒哀楽などの様々な）感情、気持ち」という意味での feeling は複数形で使うことがこの辞書に記載されています（https://ejje.weblio.jp/content/feeling）。彼らの感情は様々な感情

であると推定されるので、「their feelings」と訳すことができます。

● life（具体的な生活）は可算名詞

　life は意味により可算、不可算が異なります。

・生涯、一生、寿命という意味の life は可算

・生き物という意味の life は不可算

　具体的な生活という意味の life は可算なので（https://ejje.weblio.jp/content/life）、rich lives とすることができます。

7　定冠詞、不定冠詞、複数形のルール

●ルールと例外

　どの単語に定冠詞 (the)、不定冠詞 (a, an) をつけてよいのかはルールがあります。

【図表 8　可算名詞と不可算名詞のルール】

可算名詞	単数	特定されていない	a, an を名詞につける
		特定されている	the を名詞につける
	複数	特定されていない	名詞を複数形にしてなにもつけない
		特定されている	名詞を複数形にしてtheをつける
不可算名詞	特定されていない		なにもつけない
	特定されている		the を名詞につける

注）ここでは、１つの文書で最初に登場する単語は「特定されていない」、２回目以降に登場する単語は「特定されている」と定義します。

　しかし、次のように the を必ずつけたり、無冠詞で使う言葉があります。一部を紹介します。

① "Close the door"（ドアを閉めて）のように、そこにいる人々が
　どのドアかわかるものは初めて登場しても the をつける。

② "the highest mountain" のように形容詞の最上級には the をつける。

③ "the first question" のように序数には the をつける。

④月、地球など天体で１つしかないものには the をつけるのが原則。
　しかし、たとえば月の特定の状態を表す場合は、a full moon（満月）のように冠詞をつける。

⑤方角を表す言葉には the をつける (例 the west)

⑥時間帯を表す言葉には the をつける。
　例　in the morning, in the afternoon

⑦国名、川、山脈、海峡、海洋などの名称には the をつけることが多い
　例　the Alps, the Strait of Dover, the Pacific Ocean, the Mississippi, the Philippines

⑧演奏する楽器の名称には the をつけるが、プレイするスポーツ名
は無冠詞で使う

例　play the piano, play tennis

⑨建物名、官公庁名には the をつけることが多い

例　the White House

c.f.　go to school（ここでは、建物としてではなく、学びの場と
しての学校を意味しているから無冠詞で使う）。

⑩〜という人々を表すときは the ＋形容詞（例 the rich（富裕層）

8　自動詞、他動詞とは何か

●英文ライティングのキーである自動詞、他動詞

　自動詞、他動詞の区別を知ることは、英文ライティングに非常に
重要です。前置詞をつけるべきか否かが変わってくるからです。

●自動詞、他動詞でもある lead

This stream leads to a pond.

（この小川は池に通じている）

A teacher leads children to a campground.

（教師は子どもたちをキャンプ場まで連れていく）

　最初の文章は lead が自動詞、次の文章は lead が他動詞として使われています。

　このように自動詞は、主語である小川が自ら池まで通じている、という動作を表現します。

　他動詞は、主語である先生が子どもたちを連れていくように、目的語である子どもに対する働きかけを表現します。"a campground" は行き先を示しているに過ぎず、目的語ではありません。しかし「〜まで」の意味を表すために to が付されています。

● lead は自動詞ではないと思われがち

　「リードする」という日本語のせいで、lead が自動詞でもあると気づかない人は多いでしょう。しかし lead が自動詞として使われることは非常に多く、「〜という結論に達する」「〜という結果になる」という意味の動詞として自動詞としての lead を使います。

　　例　Our discussion will lead to agreement".
　　　　（我々の話し合いは合意に達するであろう）

　　例　Our efforts will lead to success.
　　　　（我々の努力は成功に結び付くだろう）

　これらの例からわかるように、自動詞は主語が自分で前進して合意、成功、目的地などに到達する際の「前進する」動作を表すイメージです。

●自動詞、他動詞でもある reach

　似たような動詞をもう1つ挙げます。

　reach も自動詞、他動詞の双方です。

①他動詞としての reach

　We will reach your house soon.

　（私たちはもうすぐあなたの家に着きます）

これは your house を目的語として、reach を他動詞として使っています。

②自動詞としての reach

　She reached for a coffee cup on the table.

　（彼女はテーブルの上にあるコーヒーカップに手を伸ばした）

　彼女が手を伸ばすという動作を reach で表現しており、手を伸ばす先であるコーヒーカップの前には行先であることを示す for が付されています。reach out for を使うときもあります。

　As long as my voice can reach, …

　（私の声が届く限り）

のように、届く先を書かないこともあります。

　これまで２つの動詞を見てわかったように、自動詞は主語が行う動作のみを表すため、行先や届く先を記載する場合はその前に前置詞が必要です。

　これに対し、他動詞は目的語に対して直接働きかける動作を表すため、前置詞は必要ありません。

　動詞を使うときは、自動詞、他動詞のいずれかを意識して使うと、文の構造がわかってきます。では理解を深めるためにさらにいくつか動詞を紹介します。

● 自動詞のみである arrive

　arrive は自動詞のみであり、他動詞はないため、「〜に到着する」という場合も、前置詞が必要です。

　例　We arrived at the Tokyo station.　我々は東京駅に着いた

　例　Our discussion arrived at the conclusion.

　　　我々の話し合いは合意に達した。

　arrive は（ある場所に）到着する、（ある結果に）到達すること
を意味しますが、それに何か働きかけをするわけではありません。
したがって自動詞です。

　「東京駅に到着する」ことは、東京駅という場所に足を踏み入れた
ことになりますが、東京駅に何か動作を及ぼすわけではありません。
「結論に到達する」も、結論に何かをするわけではありません。主語
が「到着する」「到達する」動作を述べているだけです。

● come は自動詞としての使用が多い

　come は実は他動詞でもありますが、動作の性質上、私たちがこ
の動詞を使う場合は、ほとんどの場合、自動詞として使っています。
主語が「来る」という動作を表しており、目的語に何か働きかけを
していないからです。

　例　Winter has come.　冬が来た

　これが come が自動詞であることが最もわかりやすい文章です。

　例　He will come to the party.

　このように come は自動詞であるため、arrive と同様に、場所や
目的地の前に前置詞を付けます。多くの場合 to です。

● approach は自動詞と他動詞

　例　He approached me at the party.

　　　彼はパーティーで私に近づいてきた。

　例　We have approached success.

　　　我々は成功に近づいた。

この単語もほかの他動詞と同じであり、前置詞を付けることなく目的語を置くことができます。

　例　Christmas is approaching.

　　　クリスマスが近づいている。

これは自動詞としての approach です。

●他動詞のみの access

　〜にアクセスする、〜に接近するという動作の性質上、他動詞であり、自動詞はありません。

　例　We accessed the Internet site.

　　　われわれはインターネットサイトにアクセスした。

　例　Do not access this area.

　　　このエリアに近づくな。

　例　We access data.

　　　我々はデータにアクセスする

access は「何か」に近づくという動作であり、「何か」を前提としています。

9　映画も最良の教材

●台本を確認しながら映画を観る

　映画の台本を手に入れて覚えてしまう、という勉強方法を他の英語学習者からすすめられたことがあります。

　① Simply Scripts

（https://www.simplyscripts.com/movie-scripts.html）

② The Daily Script (www.dailyscript.com/)

③ IMSDb (https://www.imsdb.com/)

　これらのサイトは、映画の台本を閲覧できるサイトです。

● The Shining のあのシーンはリスニングに最適

　「The Shining」は 1980 年製作の Stanley Kubrick 監督の最高傑作です。だれでもが一度観るとストーリーと映像が頭から離れなくなります。

　元教師で現在は作家の男性（Jack）が妻（Wendy）と子ども（Danny）を連れて、ある期間だけコロラド州にあるホテルの管理を任されます。伝統ある大きなホテルですが、冬は雪に深く閉ざされており、親子３人だけで外部とは接触なく過ごすことになります。

　そんな暮らしをするうちに、Jack は気が狂っていきます。作家といっても同じ文章を何度もタイプで打っているだけ。そして幻覚を見たり、昔妻子を殺した幽霊のような男からそそのかされ、妻子を邪魔に思うようになります。

　私がリスニングにとても役立つと思うのは、狂った Jack が Wendy を階段で追い詰めるシーンです。Wendy は Jack がこわくてバットを持ってきています。手に汗握るシーンですが、セリフに使われている言葉が簡単で聴き取りやすく、役立つ熟語もたくさん出てくるので、リスニングの練習には最適です。いくつかセリフを抜粋してみます。

1　脚本：Diane Johnson, Stanley Kubrick, Stephen King

"I think we should discuss Danny."

Danny について話し合わなければいけないと Jack は Wendy に言います（Jack は Danny が困った子だと思っているが、実際は利発で可愛くてやさしい男の子）。discuss about ではなく、話し合うテーマを discuss の後にすぐ置くことができる点も確認できます。

"I think maybe he should be taken to a doctor."

（医者に連れていくと Wendy が泣きながら答える）

"When do you think maybe he should be taken to a doctor ?"

（いつ息子を医者に連れていくべきかと Jack が問い詰める）

注）このセリフは文法的にも勉強になります。When do you think の後は he should be taken …のような通常の語順になります。

"As soon as possible?"「すぐに？」と Wendy が泣きながら答えます。Wendy のこの泣きながらいう "As soon as possible" を Jack が真似します。

"And you are concerned about him?"

（彼のことを心配してるだろう？）

注）concern about 〜　〜を気にかけるという重要熟語も出てきています。

"Have you ever thought about my responsibilities?"

（俺の責任を考えたことがあるか？）

注）"responsibilities" が複数形になっています。責任という意味での responsibility は可算名詞として使うことがあります。

"I'm very confused, and I just need a chance to think things over."

Jack に問い詰められ、Wendy はじっくり考える時間が欲しいと言います。"confused", "think over" は役に立つ表現です。

"Stay away from me !"　（来ないで！）

"Put the bat down, Wendy."

　Jack を追い払おうとバットを振り回す Wendy に対して、「バットを置くように」と Jack は言います。put down の表現も覚えておくとよいです。

10 「報道によると」「研究によると」で書き始める英語

●オンライン英会話は文章の書き出しの言葉を覚えられる

　文章の書き始めの言葉を数多く覚えられることもオンライン英会話のメリットです。レアジョブ英会話の Daily News Article には、「そのうえ」「さらに」「ところで」の他にも、書き出しの言葉がふんだんに使われています。

【図表９　「〜によると」で書き始める言葉】

報道によると	According to the news, ⋯
	Reportedly, ⋯
研究によると	A study shows that ⋯
研究者の見解では、	According to the researcher, ⋯
専門家によると、	Experts say that ⋯
実験データでは、	Experimental data shows that ⋯
研究は〜を示唆している	A study suggests that ⋯
〜大学〜教授によると	According to Professor ⋯ from (at) ⋯ University

●「しかし最近では、…」という場合、

　　However, recently, …

　　But, recently, …

のように、「しかし」で始めるよりも、

　　Recently, however, …

のように、however を文頭に置かないことも多く、これを何度も聴くことにより、Recently で書き始めることができるようになります。

　もちろんこれらの表現は英字新聞や雑誌記事でも知ることができますが、毎日、先生と議論する、音読することにより耳に残り、自然に口から出てくるようになります。

　このような表現を毎日語り、読み、聴けるのがオンライン英会話のメリットです。

11　ネイティブが頻繁に使う表現5選

●ほぼ毎日出会うネイティブの表現教えます

　オンライン英会話教材を含め、ネイティブの書いた文章で頻繁に出会う単語、表現があります。5つを厳選すると次のとおりです。

　・help ＋ 人＋動詞の原形（to 不定詞でもよい）
　　（人が〜するのを助ける）
　・aim to …
　　（〜することを目的とする）
　・spend time (money) …ing
　　（〜することに時間（お金）を費やす）

・encourage 人 to…
　(人が〜する気にさせる)
・can afford to …
　（〜する（経済的）余裕がある）

　この５つの表現はネイティブが好んで使う表現であり、覚えておくと様々なことを表現できます。

①help 人 動詞の原形（to 不定詞でもよい）

　子どもや開発途上国の話題が多い今日、「人が〜するのを助ける」ことを表現する機会が多いので、このフレーズを頻繁に見かけます。「人」の後に置かれる動詞は原形が多いことも覚えておきましょう。

　　例　被介護者が歩くのを助ける

　　　　help care receivers walk

　　例　貧しい人々が仕事を見つけるのを助ける

　　　　help poor people find jobs

　これに対し、[help 人 with 物] という使い方も中学、高校時代に習っていると思います。

　　例　兄は私の宿題を手伝った

　　　　The brother helped me with my homework.

　　例　私の仕事を手伝って！

　　　　Help me with my work.

② aim to …

「～することを目的とする、～を目論む」という文章も英語では
よく登場します。行動するには何か目的があるからです。

例　学校は生徒の創造性を育てることを目的にする。

Schools aim to grow students' creativity.

例　政府は若年失業者を支援することを目指すべきである。

The government should aim to help young jobless people.

例　外国人旅行者は、日本の文化を楽しむことが目的である。

Foreign visitors aim to enjoy Japanese culture.

③ spend … ing

SNS やインターネットに費やす時間が長すぎると指摘される今
日、「～に時間を過ごす」ことを表現する機会は多いです。また
spend には「～にお金を費やす」という意味もあります。

～することに時間 (お金) を費やす

（spend time (money) … ing, spend time in (on) … ing）

～にお金を費やす

（spend money for …）

例　私の子どもたちはスマホにほとんどの時間を費やす。

My kids spend most of their time on smartphones.

例　私の妻は食に多くのお金を使う

My wife spends much money on food.

例　彼はコンピュータゲームに多くのお金を費やした

He spent a lot of money on computer games.

　例　私の夫はインターネットサイトの閲覧にほとんどの時間を費やす

　　　My husband spends most of his time in browsing Internet sites.

④ encourage 人 to…

（人が〜する気にさせる）

　"encourage" は「奨励する」という意味であり、人に〜を奨励する、つまり「〜する気にさせる」という意味です。encourage の反対語は discourage です。

　encourage は、人の行動を先に進めること

　discourage は、人の行動を思いとどまらせること

という意味で使います。

　例　彼のやさしさで私は一生懸命勉強する気になった。

　　　His kindness encouraged me to study harder.

　例　今日の経済状況では、若者は大きな家を買うことを控えてしまう。

　　　Today's economic situation discourages young people to

　　　buy big houses.

⑤ can afford to …

　例　私たちは子どもを私立学校に行かせる余裕はない。

　　　We cannot afford to send our kids to private schools.

　例　多くの若者は大きな家を買う余裕はない。

　　　Many young people cannot afford to buy big houses.

注）afford の形容詞は affordable であり、

　　　I bought this house at affordable costs

　　　この家をお手頃な価格で買った

のように使います。

12　私独自のディクテーションのやり方

●英語を略語で書きとる

　ディクテーションは英文を聴きながら一緒に書き取ることです。聴きとれない単語があったときは、聴こえた通りにカタカナで書きます。私はこれを簡易な方法で実践しました。

　当初は聴きながらスペリングもすべて書き留めていました。

　しかし、

・1ワードごとに書き留めると、1時間かかっても終わらない

・読むスピードに手が追いつかない、音声を何十回も止めなければならない

ということで、すべてのワードをつづって書き取るのをやめ、キーワードだけ書き留めることにしました。あるいは、簡単な単語は記号、頭文字、カタカナだけ書き留めます。

　He received an invitation card.

　→ h r an inv カード

のように最初の数文字だけ書いたり、カタカナで書き留めます。

　「is, are, a, an, that」などのわかりきった単語は、イズ、アー、ア、アン、ザットなどカタカナで書きます。これらはスペリングを確認する必要もないくらい簡単な単語です。

13　リスニングができない 5 つの原因と克服法

① 別の単語に聞こえてしまった箇所がある

"a desk"

「エイデスク」

と聴こえることがあるように、よく知っている単語でもネイティブが発音すると、違った音に聴こえることがあります。

このような例はほかにもたくさんあります。

"plans to"「プランズトゥー」と聴こえるべきところ、「プラント」と聴こえました。

"schedule"「シェジュール」とイギリス英語では発音します。

"advertisement" は「アドバーティスメント」とイギリス英語では発音します。

"conscious"「コンチャス」と聴こえることがあります。

"data"「ダータ」と聴こえることがあります。

"look"　「ロック」と聴こえることがあり、

ロック at me ！　と聴こえたら look と想像つくでしょう。

send ダータ by email　と聴こえたら data であることは想像がつくでしょう。

このように前後の単語から正しい単語がわかるはずです。

● condolence（お悔み）の失敗

多くの日本人はスペリングを見て単語を覚えますが、発音から覚えて、その発音をもとにつづれるようにすることも 1 つの方法です。

私は condolence（コンドレンス）という長い単語について、な

んとなく雰囲気で

　condolesance

のような存在しないスペリングを覚え、その間違ったスペリングに
合わせて「コンドレッサンス」という間違った発音を覚えていまし
た。

　したがってリスニングで condolence が出てきても聴き取れませ
んでした。発音から覚えていればこのような失敗はしなかったでし
ょう。

②　日本語化している単語の正しい発音やアクセントを知らない
●ブルジョワの発音を知らないと聴けない

　たとえば、bourgeois（中産階級）は「ブルジョワ」という日本
語になっているため、意味は覚えやすいのですが、英語の発音をき
ちんと確認しておきましょう。

　「ブルジョワ」と皆が日本語で言っているような平坦な発音を覚
えてはいけません。[bou] にアクセントがあります。スペリングが
正確にわかる人も少ないと思うので、これも確認しておきましょう。

●「シベリア」は「サイビアリア」と発音する

　リスニングで有名な話ですが、シベリア（Siberia）は「サイビ
アリア」と発音します。これはそのように聴こえるのではなく、発
音記号を見ると本当にサイビアリア [saibíəriə] [2] です。

　もう１つ要注意の地名です。アテネ（Athens）はアシンズ [æθ
nz] [3] と発音します。

2　この発音記号は「ジーニアス英和辞典　第 5 版」（大修館書店）第 1935 頁より引用
3　この発音記号は「ジーニアス英和辞典　第 5 版」（大修館書店）第 137 頁より引用

・シベリアとサイビアリア

・アテネとアシンズ

はまったく違いますね。これはリスニングで聴きとれないと思います。発音を辞書で確認することが必要です。

● weblio 辞典がおすすめ

　発音を聴くのにおすすめの辞書も、やはり weblio 英和辞典・和英辞典（https://ejje.weblio.jp/）です。この辞書では、単語のネイティブによる発音を聴くことができます。

③熟語を知らない

●熟語は実は簡単な単語の組合せ

　熟語は簡単な単語を組み合わせてできあがっており、もとの単語から予想がつくこともありますが、予想外の意味になることもあります。

● resort to ～　　～に訴える

　訴えるという意味があります。行楽地のリゾートと同じ単語なので、この熟語を知らないと「リゾート地に行く」などと誤った推理を働かせてしまうことがあります。

　resort(頼みの綱)は名詞であり、last resort(最終手段)は頻出です。この意味なのに最後のリゾート地として訳してはダメなのです。

　暴力に訴える（resort to violence）は、to violence（暴力に〜）から連想して「訴える」の意味が想像つきます。

● flesh out　肉づけする

　flesh は「肉」を意味するため、それを外側に付けていくという意味で覚えています。

● sell out　売りつくす

　out は「最後まで、完全に」を意味するので、「売りつくす」を意味すると覚えます。

● hinge on　〜が条件となる、〜次第である

　hinge はちょうつがいであり、たとえばドアはヒンジで開閉されるため、「〜にかかっている」と覚えています。

● kick off　　〜を始める

　試合を始めることを「キックオフ」ということから連想できます。

● weed out 不要なものを除去する

　weed は「雑草」を意味し、これを引き抜くということで覚えています。

● narrow down 狭める、絞り込む

　「下に向かって狭めていく」という意味が想像つきます。

● hand out 配る

　「ハンドアウト」という日本語にもなっている「配布物」の意味から想像つきます。

● simmer down 静まる、煮詰まる

　simmer は「とろとろ煮込む」という意味であり、「沈静化する、煮詰まる」という意味になります。

● have butterflies in one's stomach　緊張する

　気味の悪い表現ですが、お腹に蝶々がいる（have butterflies in one's stomach）は「不安を覚える、緊張する」を意味します。この意味は想像つきにくいです。オンライン英会話の前に Skype® コールを待つ私もまさに、have butterflies in my stomach です。

④ 固有名詞とわからずに聴いてしまう

● Knight と night

knight と night は発音が同じです。Knight が会社名の一部であるときでも、Knight のみで英文に登場することがあります。

At Knight, ….　（Knight では〜）

のように登場した場合は、「夜間に」（at night）と区別する必要があります。Knight Company (Corporation, Incorporated) のように、最初は会社を意味する言葉と一緒に出てくるはずなので聞き逃さないことです。

同じような例は、Wright と right です。Wright はアメリカ人の姓として多く、Wright's hand（ライト氏の手）を right hand（右手）と聞き誤ることがあります。

● SoHo と SOHO

SoHo はニューヨークの地名、後者はスモールオフィスホームオフィスです。地名は in を前に置き、New York を伴うことが多いので、聴き逃さないようにしましょう。

●人名の前には肩書がつくことが多い

人名には、President（社長）、CEO（最高経営責任者）、Professor（教授）、Director（取締役）, Dr.（博士）, Author（著者）, Researcher（研究者）などの肩書が付いていることが多いので、これを聴き逃さないようにしましょう。

Sophia Brown, a thirteen-year-old girl

（13歳の少女であるソフィア・ブラウン）

Jack Brown, a forty-year-old father

（40歳の父であるジャック・ブラウン）

　このように、年齢と身分を付けることも多いので、father, girl や年齢＋名前らしき言葉が聴こえたら人名と連想しましょう。

● orは「すなわち」を意味することがある

　正式名称のような長い名前が読まれ、called と続いたら団体名と略称であると予想します。

　また、or が「すなわち」の意味をもち、略称の前に付けられることがあるので注意しましょう。

　　例　World Trade Organization（WTO）は、

　　　　World Trade Organization , or WTO

と読まれ、or はここではイコールの意味です。「または」ではありません。

　WTO は略称で呼ばれることが多いのでわかりますが、

　Okuda International Limited , or OIL

のような場合、or を「すなわち」と解釈できるようにしておきましょう。or の後にその名称の頭文字の組合せが読み上げられたら、略称と思って間違いないです。「または」と解釈すると、2 つの団体があると誤解してしまいます。

●社名の前には会社を説明する言葉

　Global IT company, IBM®

のように会社を説明する言葉を前につけることがあります。社名には通常、Company や Corporation が入っていますが、IBM® やPanasonic® のように、省いて記載されることが多いです。これらの会社は有名なので社名とわかるのですが、

　Global IT company, Okuda Momoko International

のように初めて聞く社名でも前に付された Company を聞き逃さず

に、社名とわかるようにしておきましょう。

● Giant が会社を説明

　レアジョブ英会話の教材で知ったのですが、会社を説明する言葉
として、Giant が付いていることがあります。

　ＩＴ giant IBM® （大手ＩＴ企業、ＩＢＭ）

　Automobile giant Chrysler® （大手自動車メーカー、Chrysler）

　これを知らないと、ジャイアントと IBM は関係があるの？　と
思い、意味不明になります。

⑤ 関係代名詞がわからない

●関係代名詞が入っているとわかりづらい

　次のような短い文章でも、which や who が入っているために、
リスニングでは咄嗟に意味がわからないという人もいるでしょう。

The book which is in my bag is interesting.
私のカバンの中にある本はおもしろい。

The man who is reading a book is John.
本を読んでいる男性はジョンです。

　これは主格の関係代名詞（主語が先行詞）です。

　which の代わりに that を使うことがあるので、リスニングで that と聴こえたときもわかるようにしておきましょう。

　The book　　in my bag　　　is interesting
　　　本　　　私のカバンのなか　　おもしろい

のように書きとると意味が取れます。

The man whose name is John is my uncle.
ジョンという名前のその男性は私のおじである。

I went to the shop whose name is "Love".
私は Love という名前のお店に行った。

　これは 所有格の関係代名詞であり、先行詞 (the man) の有しているものを whose 以降に記載します。

　先行詞がモノ (shop など) の場合もあります。リスニングで whose が出てきたからといって、人について話していると思ってはいけません。

The man who (whom) I will marry is John.
私が結婚する予定の男性はジョンである。

The book which I bought is interesting.
私が買った本は面白い。

これは目的格の関係代名詞であり、目的語となる名詞 (the man, the book など) が先行詞になります。who (whom), which の代わりに that を使うことがあります。

　The man I will marry…のように目的格の関係代名詞が省略されることもあります。

例　The man who I would like to marry is standing at the door.
　　私が結婚したい男性がドアのところに立っている。

例　The book I was sure to buy has been sold out.
　　私が買うと確信していた本が売り切れた。

このように would like to, was sure to が入り込んで複雑な構造の関係代名詞もあり、

The man　 I　 would like to marry　 is standing at the door.
　男　 私　　　　結婚したい　　　　　　ドアに立っている

The book I　 was sure to　 buy　 has been sold out.
　本　　私　 確信していた　 買う　　　売り切れた。

のように聴こえたとおりの語順で書きとると意味がとれるようになります。

171

第5章まとめ

①文章にあるつなぎの言葉（therefore, however, in this case, for example など）に着目し、前後を予想しながら読むと、読解力がアップする。

②要点や結論を述べている文章にアンダーラインを引いて、文章の概要を把握する（In conclusion, Finally, namely などの言葉に着目）

③洋書は英語の最良の教科書である。多読もおすすめ。

④英語を耳から入れて口から自然に出るようにする（毎朝、電車の中で聴くアナウンスは耳から離れなくなるのと同じ）。

⑤定冠詞（the）, 不定冠詞（a, an）のどちらをつけるかには多くのルールがある（特定されている名詞には the、特定されていない名詞には a, an というルールだけではない）。

⑥自動詞、他動詞の区別を知っておくことも必要（たとえば、lead は自動詞、他動詞である）。

⑦映画の台本は英語の勉強に最適。

⑧ネイティブがよく使う動詞5選。
（① help 人 動詞の原形、② aim to, ③ spend time(money) … ing, ④ encourage 人 to, ⑤ can afford to)。

⑨ディクテーションではわかりきった単語は記号やカタカナ、頭文字で書いてもよい。

⑩リスニングができない5つの原因（①別の単語に聴こえる、②日本語化している単語の発音やアクセントを知らない、③熟語を知らない、④固有名詞を固有名詞でないと判断して聴いてしまう、⑤関係代名詞が入ると、文の構造がわからなくなり聴けない）。

おわりに
オンライン英会話をやったら、
こんな変化があった

　留学経験なく、海外旅行もほとんど行かない私は、英語を聴くことと話すことは大の苦手でした。

　それは翻訳者でありながら、レアジョブ英会話のレベルチェックで初中級に近い中級判定を受けたことからもわかると思います。50代の今から留学でもしようと思っていたくらいです。そんな私がオンライン英会話を始めてから、英語に関していくつかの変化が起こりました。

●レベルが上のクラスをあえて受講

　レアジョブ英会話の「Daily News Article」という教材を使ったレッスンを受講しました。

　このレッスンはレベル7〜10の受講生対象であり、かなり高度なディスカッションが求められます。レベル6の私には荷が重いレッスンでした。しかしレベルが合わないとしてレッスンを拒否されることはありません。

　チャレンジ精神旺盛な私は、このハイレベルなレッスンを受けました。毎日というわけにはいきませんでしたが、暇を見つけては受講しました。

　最初は自分の意見を述べるのも、その準備すら苦痛でしたが、最近では準備しなくても意見をその場で考えて言えるようになりました。

　これも毎日どんなに眠くてもレッスンを休まなかった努力の結果であると思います。

●留学してたでしょう？

　とうとう先日、先生からとても嬉しい言葉をいただきました。

"Have you ever studied abroad?　Your pronunciation is very good."

「外国で英語を勉強していたんですか？　貴方の発音はとてもすばらしい」

留学経験がなく、今からでも留学しようと思っていた私にとって、「外国で勉強していたのですか」という言葉は、留学したいという目標をある程度達成したことを示しています。これもすべてオンライン英会話のおかげです。

　「いつレアジョブに入会しましたか？」とよく聞かれるのも、そう聞きたくなるくらい上達がみられるということです。
　随分音読がうまいですね。
　貴方の音読は impressive です。
　貴方はきちんと自分の意見を express できる。
など最近は他にもよく褒められるようになりました。
　留学でもよいですが、その期間中は仕事や家事ができなくなります。留学するまでの手続も大変です。英語上達のみが目的であれば、すぐに始めてずっと継続できるオンライン英会話をおすすめします。

●ＣＮＮニュースがわかるようになった
　オンライ英会話を 100％活用すれば英語 4 技能が向上するし、英検® 合格や TOEIC® 目標スコアに到達することができます。最終的には英語はペラペラになります。
　オンライン英会話を始める前は CNN ニュースを聴いても単なる

音声にしか聴こえず、意味が何もわかりませんでした。たまに知っている単語が1つか2つ聴こえるくらいでした。

　しかし入会から3年経過したいま、CNNニュースを20分聴いている間、知らない単語は1つか2つあるくらいです。ニュースの概要もわかります。映像と合わせれば意味はほぼ把握できます。これは本当の話です。単語を覚えたことと、リスニング力が向上したことが理由です。

●英検® 1級に受かった

　英語の4技能が向上したことで、これまで雲の上の存在だった英検®1級に突然受かりました。オンライン英会話のほかに行った勉強は単語を覚えたことだけです。

　オンライン英会話を始めたら合格したというのは本当のことです。ディスカッションのクラスを受講していたからです。

●英検® 1級や準®1級に受かるとチャンスが増える

　英語の資格を取ると、就職の機会が増えます。新卒の就活生は履歴書に書けるし、新卒でなく職に就いていない人の就職の機会も広がります。

　翻訳、通訳、英語講師、英語の書籍編集者、国際業務担当者など英語の職種は数多くあります。

「英検 1 級　求人」

「英検準 1 級　求人」

というキーワードで Google® 検索してみましょう。会社、英語学校、法律事務所、特許事務所などの求人が数多くヒットします。必ずしも英語の資格を持っていなくても応募できるところもあります。

　オンライン英会話で英語力がアップすれば、このような求人にも応募できます。

●オンライン英会話についてブログを書くようになった

　こんな表現を習いました、先生とこんなことがありました、という学習記録のようなものをブログで書くようになりました。

「英語の極意」(アメーバブログ)

https://ameblo.jp/peachpatent/

　よろしかったらご覧ください。英語について書くようになってから急にフォロワーも増えました。

●英語の YouTuber は多い

　私は行っていませんが、英語勉強法の動画をアップロードして YouTuber になることもできます。英語をテーマにした動画は数多

くあります。たとえば次のような動画です。

・Atsueigo
(https://www.youtube.com/channel/UCgeaC4OEk0t54m2hWQtjjIw)
・ケンジの英語
(https://www.youtube.com/channel/UCc8BVXlMr7YhDw71XE_Y9Bg)

　斬新な切り口の英語勉強法を動画で公開しましょう。英検®やTOEIC® 受験中に学習記録や合否の結果をブログや動画で公開している人もいます。

　動画で人気者になれば、またそこに新たな道が出てくるでしょう。誰でもが動画をアップロードして露出することができる便利な時代です。多くの人が関心を持つ英語の動画をつくってみましょう。

●英検® 塾で講師になった

　英会話スクールや英語塾の講師は英検®1 級や準 1 級、TOEIC®900 点以上を持っていることを条件にしているところがあり、これらの資格を取ると講師という職に就くことが可能になります。実際に私も英検® 1 級を取得してから、英検® 塾の講師になりました。

●翻訳の仕事も増えた

　オンライン英会話の教材に毎日触れていると、新しい単語や熟語

を覚えるだけでなく、ネイティブの文章が自然に身についてきます。教材の文章を覚えることまではしていませんが、ネイティブの考え方の背景、雰囲気が自然にわかってきます。日本語を英語に置き換えただけの文章ではなく、ネイティブ的な発想で文章を書くことができるようになります。

　オンライン英会話を続けたいま、「あなたの文章はネイティブの発想を感じる」と言われたことがあります。こんなことは以前はいわれたことがありませんでした。

　Researchers have found that ….

　研究者たちは〜を見出した。

　これはよく教材で見るような文章ですが、「見出した」と日本語いっても、found のように過去形にすることなく、have found のように現在完了形にしています。これは「最近、見出した」「見出したばかりである」という意味が込められています。ほとんどの日本人は、「見出した」の日本語から have found の英語を導き出せないと思います。

　もちろん found のように過去形にしても間違いではありません。しかし、最近見出したという文脈で have found とすると、ネイティブ的な発想のある光る文章となります。

●フリーランスの仕事はリピートが来ることが大切
　フリーランスの翻訳者は仕事が安定してもらえることが最大の目

標です。仕事が来るか来ないかについて、翻訳者はまったくコントロールできず、運にも左右されます。「これさえやれば仕事が安定してくる」というルールはありません。せいぜい翻訳者ができることといえば、

①翻訳エージェントに多く登録しておくこと
②英語力をアピールできる資格をとっておくこと
③実際に仕事が来たときに、質のよい仕事を早くこなし、リピートが来るようにしておくことくらいです。

　オンライン英会話はこの３つのうち２つも達成してくれました。毎日先生と話し、教材を読むことにより、質の良い英文を書けるようになりました。そして、英語の資格もとることができました。

●オンライン英会話をやっているという自信も影響

　英検®1級を取ったことを翻訳会社にアピールしたわけではないのに、仕事が増えました。これは私が質のよい英文を書けるようになっただけでなく、心理的なこともあると思います。自分はオンライン英会話をやっている自信が仕事を呼び込むのでしょう。

　フリーランスの仕事や自営業の仕事が繁盛するかどうかは、心理的なことが大きく影響します。毎晩、フィリピンの先生と話して褒められるようになった自信が仕事を増やしてくれました。

●翻訳には必ずしも英語の資格は必要ではないが

　英検®を持っていなくてももちろん翻訳はできます。しかし翻訳会社に登録する際に、英語の資格を持っていたほうが有利です。
　翻訳会社に登録するには「トライアル」という試験に合格する必要があります。合格の基準は明らかにされておらず、トライアルの成績だけで決まるものでもありません。

年齢、専門分野、翻訳レート、資格などが考慮され、トライアルがよくできたつもりでも落ちることがあります。こんなとき、英語の資格のインパクトは大きいです。

　トライアルに通って翻訳会社に登録しても、すぐに仕事の依頼がこないことは多いです。新人に依頼するのは翻訳会社としても冒険だからです。このときも英語の資格があると、アピールできる利点があります。

●友達との会話で主導権を握る立場に

　オンライン英会話をやると、フィリピンの観光、生活習慣に詳しくなります。毎日フィリピンの友人が1人ずつ増えていくような感じです。そもそもオンライン英会話自体が話のネタになります。

　そして日本の友人と会っていると、いつも聞き役に回っていた私が、最近では話の主導権を握っていることに気づきました。自分の意見を述べることに慣れたからです。学校教育によるものなのか、フィリピンの先生たちは意見発表に慣れています。

おわりに　まとめ

①オンライン英会話をやると英語に自信が出る。先生にほめられるとより自信が持てる。その自信が仕事を呼び込むことがある。

②英語に関する求人は多い。オンライン英会話で英語に自信をつけ、あるいは英検®などに受かるとさらにチャンスが広がる。

③英語の職種は多く、翻訳、通訳、英語講師、英語書籍編集者、国際業務担当者など様々である。英語の勉強法をブログやYouTube®で紹介する人も多い。

あとがき

　本書の執筆を始めた 2019 年夏頃は、オンライン学習は学校やセミナーの 1 つの学習形態としては認識されていましたが、皆が常に利用している状況ではありませんでした。

　したがって、これをずっと以前から利用してきた私は、オンライン英会話の利点、効率性と面白さを紹介しようと思い、本書の執筆を企画しました。

　しかし執筆を進めていく間に、日本そして世界中で大きな変化が起こりました。新型コロナウイルスの感染拡大です。平和に迎えることができた 2020 年に感謝していたのも束の間、その直後から中国の新型肺炎というニュースを耳にするようになり、あっという間に世界で感染が拡大するという事態となっています。

　本書の執筆はこのようなニュースに耳を傾けて不安を感じつつも、急速に浸透していくオンライン学習を伝えたいという一心で進められました。執筆を終えたいま、テレワークやウェブ会議が当然のように行われ、学校ではウェブ授業が行われています。

　新型コロナウイルスの感染については、1 日も早い収束を願うばかりですが、この事態が収束しても今後はオンライン学習が主流になると私は予想しています。なぜならそのフレキシビリティという利点に人々が気づいてしまったからです。

　私はこのような事態となるずっと以前から、テレワーク、ウェブ会議、ウェブ授業を実践していました。このような仕事のスタイルに慣れている私は、オンライン英会話を当然の学習スタイルとして捉え、受講を始めました。

　学習の中でも英会話は特にオンラインに向いていると思います。先生と一対一が最も効率的に学べるからです。もちろん複数の生徒

と先生のディスカッション形式の英会話授業もあります。しかし上級者、初級者に関わらず、英語をあまり話せない日本人が英会話を学ぶには、先生が付きっきりで教えてくれるプライベートレッスンが適しています。他の教科のように資料を多く広げる必要もなく、テキストを1〜2頁開いておけばよいからです。

　今後は学習だけでなく、オンラインによる人々の交流が増えると予想します。特定の時間に特定の場所に集まることが要求されるがゆえに、私たちの行動が制限されていたという厳然たる事実があります。

　本書でも紹介しているように、インフルエンザに罹っているときは英会話学校を休まざるを得ませんが、オンライン英会話であれば体調のよい時間を見つけて家で横になりながらでも受講できます。

　これにより学習の機会をひとつ逃すことを回避できます。すきま時間でも積み重ねれば膨大な時間を活用したことになります。

　私を含め多くの人々がオンライン英会話で英語力を向上させることができたのも、物理的場所と時間にとらわれて逃していた学習のチャンスをあらゆる場所（自宅、病院、喫茶店など）において、すきま時間で生かすことができたからだと思います。

　世の中がテレワーク、在宅学習、オンライン学習に向かっているなか、オンライン英会話のよさを紹介した本書をぜひお読みいただき、皆様もすきま時間の25分を活用して長期間継続し、英語力を向上させていただけたら幸いです。

2020年5月吉日

奥田　百子

著者略歴

奥田　百子（おくだ　ももこ）

翻訳者、奥田国際特許事務所、バベル翻訳専門職大学院教授、英語塾講師、翻訳指導歴 10 年以上、実用英語技能検定（英検 ®）1 級取得、特許翻訳能力検定試験（日本翻訳協会）試験委員
慶應義塾大学法学部卒業、弁理士

著書
『ネイティブに笑われない英文ビジネス E メール―Google® で検索するだけ！』（中央経済社）、『弁理士が基礎から教える特許翻訳のテクニック　2 版』（中央経済社）ほか

初心者必見！　1 日 25 分のオンライン英会話で英語ペラペラ

2020 年 6 月 3 日発行

著　者	奥田　百子 ©Momoko Okuda	
発行人	森　忠順	
発行所	株式会社 セルバ出版	
	〒 113-0034	
	東京都文京区湯島 1 丁目 12 番 6 号 高関ビル 5 B	
	☎ 03（5812）1178　　FAX 03（5812）1188	
	https://seluba.co.jp/	
発　売	株式会社 創英社／三省堂書店	
	〒 101-0051	
	東京都千代田区神田神保町 1 丁目 1 番地	
	☎ 03（3291）2295　　FAX 03（3292）7687	

印刷・製本　モリモト印刷株式会社

Printed in JAPAN
ISBN978-4-86367-585-8